超人妈妈
的时间管理课

王馨悦 姜忠阳◎著

民主与建设出版社
·北京·

图书在版编目（CIP）数据

超人妈妈的时间管理课 / 王馨悦，姜忠阳著 .-- 北京：民主与建设出版社，2020.7（2024.4 重印）

ISBN 978-7-5139-3050-5

Ⅰ.①超… Ⅱ.①王… ②姜… Ⅲ.①时间 – 管理 – 通俗读物 Ⅳ.① C935-49

中国版本图书馆 CIP 数据核字（2020）第 082998 号

超人妈妈的时间管理课

CHAOREN MAMA DE SHIJIAN GUANLI KE

著　　者	王馨悦　姜忠阳
责任编辑	程　旭　周　艺
封面设计	平　平 @pingmi
出版发行	民主与建设出版社有限责任公司
电　　话	（010）59417747　59419778
地　　址	北京市海淀区西三环中路 10 号望海楼 E 座 7 层
邮　　编	100142
印　　刷	朗翔印刷（天津）有限公司
版　　次	2020 年 7 月第 1 版
印　　次	2024 年 4 月第 7 次印刷
开　　本	880 毫米 ×1230 毫米　1 / 32
印　　张	8
字　　数	190 千字
书　　号	ISBN 978-7-5139-3050-5
定　　价	52.80 元

注：如有印、装质量问题，请与出版社联系。

蒋佩蓉

作者（右一）与蒋佩蓉合影

知名育儿畅销书作者
前麻省理工学院中国总面试官

　　2012年春天，我在优米网的录影棚接受主持人的采访，与她聊礼仪。听众的反应很积极。有一个年轻的妈妈问了我几个问题，我们很谈得来。她告诉我她刚生了老三，这个多宝家庭遇到了很多关于如何养育孩子的问题，但因为当时大部分的家庭还都是独生子女家庭，所以她没地方向别人请教。

　　我邀请她来参加我们的妈妈公主团聚会，与其他多宝家庭的妈妈公主们彼此取暖。想不到现在，这位妈妈已经成长为年轻的作者——简单妈妈馨悦。

　　从2012年到现在，我们这一群妈妈们每个月都会相聚，彼此陪伴着走过了高峰和低谷。我们有过抓狂的吐槽，因为一些事流泪和叹气过，但收获的更多的却是成长的喜悦和得胜的欢呼。如今，公主团的妈妈们都有了自己的事业，散发着自己独特的馨香。

　　我记得当年在北京，很多人看到我一个人带了三个男孩，都会很佩服地跟我说："我带一个孩子就很辛苦了，你带三个，真的很了不起！"其实，每一个孩子都是上天给我们的礼物，而我只是礼物比较多而已，所以能力也就"被迫"提升了。我也曾经像馨悦那样求助导师，然后像我的导师一样去帮助馨悦这样的年轻妈妈们。现在我可以很自豪地说：馨悦长大了，青出于蓝。她已经成为很多年轻妈妈的妈妈导师！她不仅自己养育着五个孩子，还能同时创业，辅导其他妈妈，最重要的是，她可以跟先生一起同步实践他们的家庭愿景！她的生活条件塑造了她的时间管理能力，所以她的书里才会有那么多真实而又实用的干货。

读过我文章的读者们，以及参加过妈妈公主团的妈妈们都知道，我行文风格的基因就是"透明、真实、敞开和实用"。很多专家能长篇大论地说很多高大上的理论，但是这种理论带给我们的感觉却是"太完美了，让我很自卑，甚至绝望！我永远也做不到那个程度！"但我相信你看了馨悦的书，一定不会有这种感觉，因为她不会掩饰自己的挣扎和软弱，反而会跟你分享那些因为自己曾经的失败而学到的功课，也会分享她通过辅导那么多妈妈得出的经验，这都是累积下来的真功夫。我也相信，在看这本书的过程中，你会经常感叹：这不就是我吗？！既然她能这么做，我肯定也能行！我相信读了这本书以后，你的感受不会是"馨悦离我太远了"，而是"我感觉馨悦就是能读懂我的姐姐，她离我很近"。

我相信，当你看完这本书以后，也会跟我一样兴奋，迫不及待地想要把这些经验实践到自己的生活里！

祝愿这本书能够成为新一代妈妈们的宝典，希望各位妈妈可以通过阅读并实践这本书中提到的各种方法，成为新一代的妈妈导师，让世界越来越美好！

作者（右一）与黎颖（左一）合影

Kitty（黎颖）
《六A的力量》译者

2019年12月27日，馨悦找到我，让我为她和忠阳的处女作《超人妈妈的时间管理课》写推荐序。12月27日，这一天对我来说不同寻常，8年前的12月27日，是我们一家5口离开中国的日子。这也意味着我们家跟馨悦一家已经分别8年了。告别的时候，虽有种种不舍，但更多的却是放心不下。想不到8年后的今天，馨悦和忠阳为我们准备了这样一份大礼！

我读馨悦的书时，就好像是看着自己的孩子在大学毕业典礼上，作为优秀学生代表发表演说……欣慰、欣喜；惊叹、惊奇！

简单妈妈，一点儿都不简单！

简单妈妈的家，是愿景型家庭。

记得馨悦小两口刚结婚时，作为他俩的婚姻辅导，我的先生一直盯着他们制订家庭愿景。犹太古语说："没有愿景，民就消亡。"愿景，使得这个新成立的小家庭有了努力的方向，有了前进的动力，也有了行动的目标，更有了界限，而不至于两个人你忙你的，我忙我的，或者是两个人为了谁的事情更重要而产生分歧和内耗。

简单妈妈的家，是行动型家庭。

有了愿景，就要有行动。如此，愿景才能落地，才有实现的可能。他们的成长历程，是这样的：

渴慕，谦卑，寻求，学习，消化，实践，行动，总结，拥有，升华，输出。

馨悦和忠阳非常渴慕，他们知道自己想要什么，看到了，就会告诉自己："这就是我想要的！"然后开始付诸行动。十几年来，我跟着先生走南闯北，见过无数家庭，跟我一起探讨婚姻、家庭、育儿经的人更是数不胜数，但为什么是忠阳和馨悦结出果子呢？就因为他们看到了，而且非常渴慕，想要拥有——把所学的东西拿过来，消化、实践、总结、升华，最后成了自己的。就好比送礼，接受礼物的人，只有打开它，并开始使用它，这礼物才算真正属于你。收下礼物却不拿出来，而是把它放在犄角旮旯里落灰，并不等于我们真正拥有了礼物。再珍贵的礼物，堆在那里不用，它就毫无价值。马太效应便是如此，让收到的礼物发挥出更大的价值，就产生了累积优势，可以让我们拥有更大的机会，获得更卓越的成就。

忠阳和馨悦就是这样，他们让生命中的礼物发挥出了最大的功效，所以上天也特别眷顾他们。

简单妈妈的家，是成长型家庭。

看着忠阳和馨悦一路成长，一路陪伴，我发现他们最智慧的地方，就是从未停止过学习。学习已然成了他们生活中的主旋律。忠阳学习商业管理、学习领导力、学习学前幼儿心理……馨悦学习6A讲师、学习正面管教、学习CPR紧急救助、学习思维导图、学习ICF国际教练认证、学习妈妈导师课……当然，肯定还有很多我不知道的。

有的读者朋友也许会说：我们也一直在学习啊！的确，作为一名妈妈，随着新生命的诞生，我们也启动了学习模式，学育儿常识、学医学常识、学按摩、学摄影、学钢琴、学奥数、学英语……我们为了孩子去学习，只是想在孩子之前先走一步，为孩子铺平道路。我们忙碌不停，为家人烹饪美味的菜肴，却总是最后才想到自己。明明周围全都是吃的，却一直在饿肚子。太多的人不能先照顾好自己，最后也丧失了照顾别人的能力。他们在思想上、情感上和心灵上是饥饿的。

忠阳和馨悦却懂得——作为家庭领导者，在领导别人之前，要先领导好自己；在喂养别人之前，要先喂养自己。领导者必须要先自我成长，自己先吃饱，而不是先把自己掏空。他们之所以能养育5个孩子还有大把时间增进夫妻感情、携手同行、共同成长，正是因为他们已经抓到了婚姻的核心——爱不仅仅是两人互相深情地对望，而是望向同一个方向；婚姻不是面对面（你看我、我看你，迟早要看烦），而是肩并肩，并肩作战，天下无敌。他们深知，只有夫妻共同成长，才能够带领全家成长。

妈妈是一个特殊的群体，跟职场人士不同，我们是同时多任务人士。作为妈妈，很多时候都生活在别人的需要里，围着老公转、围着孩子转、围着锅台转，甚至是围着学校老师布置的各种作业转。我们的生活，就是这样围绕着各种人和事转；我们的角色，好像救火队员，哪里有需要就出现在哪里，要想办法搞定一切。久而久之，我们的生活就陷入循环——跟着事情跑，围着需要转，被问题牵着鼻子走。别说达成目标了，一天能撑下来就已经要了半条老命了。难怪妈妈遇到妈妈时，彼此间最惺惺相惜的一句话就是："熬吧！再熬几年就出头了。"

在这样的兜兜转转中，我们渐渐忘记了起初的爱心、决心和热心，丢失了前进的动力，以为自己已经被社会所抛弃，成了一事无成、毫无价值的黄脸婆。但其实呢，我们不是被社会所抛弃，而是我们自己在琐碎和忙碌中丢了愿景，抛弃了向着标杆直跑的动力和勇气，放弃了达成目标的执行力和专注力。

有多少时候，妈妈就像坐旋转木马，马不停蹄，一刻都不肯停息，最后却发现自己始终在原地打转。想要跳出这个循环，却往往不得要领。而《超人妈妈的时间管理课》可以帮助妈妈们跳下旋转木马，骑上千里马，向着标杆直跑。

每天应对各种琐碎的事情和各种需要的妈妈，要掌握时间，就需要有技能。要知道，我们做任何一件事情，都需要技能。知道"WHY"为什么要做是一回事，而知道"HOW"怎么做又是一回事。所以当妈妈的，总是嫌时间不够用。其实不是时间不够用，而是我们掌握时间的技巧不够。我们要掌控时间，而不是被时间掌控。我们需要的不仅仅是掌握技能，更要有整体的大画面，而不是陷在眼前的细节和完美主义里。

市场上关于时间管理的图书或课程有很多，但很可惜它们都不适合妈妈。因为那些时间管理课程，都是针对职场人士的——

不管他们是朝九晚五，还是996，一天至少有几个小时可以专门用于工作，不受干扰。我曾经满怀着期望去听一位时间管理大师的课程，其中有一条是：在进行一项任务的时候，给予100%不受干扰的专注力。专心在这一项任务上50分钟的时间，最后10分钟，走出办公室，找个地方换换脑子、看看风景，把脑袋放空，告诉自己："我现在正在清空我的意念。我要重新刷新我的脑袋，积蓄我的体力，将全部精力集中到下一个任务上。"

拜托！当妈妈的，哪敢有这种奢望！职场人士是单一任务型，可当妈妈的却是同时多任务型。对于孩子尚小的年轻妈妈来说，连上个厕所都要开着门，把孩子放在地上或者学步车里，眼睛时刻紧盯……试问哪个妈妈能有50分钟不受干扰的时间？这简直是天方夜谭！

所以，实际一点儿，开一下脑洞，开发一下妈妈自己的时间达人技巧吧！感谢忠阳和馨悦，他们通过不断学习、实践、身体力行，摸索出了适合妈妈的时间管理模式和家庭领导力模式——以核心价值观建立家庭愿景，以愿景带动使命目标，以效能带动效率，以意志力带动执行力，以优先秩序带动核心习惯，帮助我们主宰习惯，而不是让习惯主宰我们。

一个母亲，影响的难道只是一个家庭、只是自己的孩子吗？No！一个母亲，影响的不仅是一个家庭，更是一个家族！从社会转化的战略高度来看，一个女人改变了，一个家庭才会开始改变；家庭的这一代改变了，一个家族才会开始改变；一个家庭改变了，由众多家庭组成的社会才会开始改变……你说妈妈重不重要？

我真的很开心，因为终于有了适合妈妈的时间管理书籍！这也是忠阳和馨悦夫妇送给所有妈妈们的大礼！

　　简单妈妈，必定不简单！

CONTENTS
目录

第一部分
妈妈更需要用精力管理来提高做事的效率

第四章　做全家的 CEO，协作才能让生产力翻倍

第五章　学会制定妈妈独特的时间管理方案

第二部分
不要紧盯现在，用全人生的眼光规划提高家庭效能

写在前面的话

2016年，老五出生前后，我开始认真地思考，等孩子们都上学了，我该如何规划自己白天的生活？未来我要如何实现自己的价值？刚做全职妈妈的时候，我非常确定，自己未来会回到原来的公司，继续从事我所热爱的事业，至少2015年之前，我都是这么认为的。

直到我和姜先生开始做简单妈妈的公众号，我才逐渐意识到，这个可能才是我未来的路。在养育孩子的过程中，我得到了妈妈导师的很多帮助，从她们身上，我学到了很多经营家庭的智慧。所以，我也希望能够像我的妈妈导师们一样，成为管道，把自己养育5个孩子的经验传递给更多的人，鼓励她们成为敢生、慧养、多喜乐的简单妈妈。

看到身边姐妹们的生活一天一天发生改变，从没白天没黑夜的哄睡，到可以安稳地好好睡一整晚，我心里特别高兴。我想，这就是我存在的价值。有了这些想法，再结合这些年积累的经验，我开始更深刻地思考人生计划：我未来要成为什么样的人？要过怎样的生活？我应该通过什么方式去过上这样的生活……我开始和姜先生讨论简单妈妈未来的发展方向，以及如何开发我们自己的培训课程，如何让自己变得更专业，为妈妈们提供最实用的信息。

有了明确的方向后，我个人的使命宣言也越来越清晰，并开始着手提升自己的相关技能。随后两年，我完成了很多课程的学习，包括美国ICF国际教练认证、6A讲师认证、DISC讲师认证、正面管教家长讲师，还陪着老大一起学了思维导图的课程。希望通过这些学习，再结合自己的经验，可以在未来支持更多的家庭。

同时，我也希望成为孩子们的榜样，他们努力学习的同时，妈妈也在努力地实现着自己的人生价值。等他们离开家以后，我也有自己的事情可以做，不会因为空巢而变得失落，与社会脱节，跟不上他们的思路……最后导致无法沟通。

很多关注"简单妈妈"公众号的姐妹跟我说："馨悦，你是超人吗？夫妻两个人带着5个孩子，还有时间去上课？还有时间到处分享？还有时间创业？这怎么可能？！"说实话，如果10年前你跟我说10年后我会是现在的状态，我肯定也不会信，但是改变还是真实地发生了。当然，这个过程并不是一帆风顺，我也走过很多弯路。

2018年应该是我人生中最重要的一年，刚刚两岁的老五非要跟着老四去幼儿园。按照原来的计划，我希望他3岁的时候再去，但在他的一再坚持下，我同意了。我最初还挺担心，因为他才两岁多，是否能适应幼儿园的环境？但两周观察下来，我发现他适应得特别好。至此，我正式结束了8年4个月的全职妈妈生活，准备重新回到职场。

5个孩子都去上学后的第一天，我非常兴奋，甚至感觉天都比平时更蓝一些。从早上9点到下午3点，虽然只有6个小时，但是我终于有了属于自己的时间，这比我预想的整整提前了1年！我激动得甚至有些得意忘形，我开始根据自己的使命宣言，组织公众号的线下活动、探访小姐妹、去其他的妈妈社区分享经验……我几乎答应了所有的邀约，把行程安排得满满的。

白天我有各种活动，从3点开始陆陆续续地接孩子放学，然后做饭、晚上陪伴孩子……因为白天太累，精力消耗得差不多了，所以到了晚上我几乎没有精力陪孩子，好几次给孩子讲着故事就睡着了。陪写作业的时候，我的态度也不好。孩子们睡下以后，我还要写公众号的文章，跟姜先生讨论培训课程的内容……几乎没有闲着的时间。1个月下来，我愣是把自己给累病了。

姜先生关切地说："你要注意休息啊！肉也不是一天能减下来的，注意循序渐进啊，如果需要的话，咱们可以一起规划。"我这才意识到，其实自己的时间和精力并没有看上去那么多，无法同时安排这么多事，还是要集中精力做最重要的事情。

第2天，送走孩子们以后，我看着客厅的一个相框沉思良久。相框里的画是我和姜先生在2017年11月庆祝恋爱10周年纪念日时，在台北的诚品书店一起讨论的未来5年我们的家庭规划。

回北京后，根据我们讨论的内容，我们又用了将近1个月的时间，把它画成画，放在我们家最显眼的地方，以此来提醒我们，这就是未来5年我们全家奋力奔跑的方向。

我以此为根据，结合自己的使命宣言，开始认认真真地做2018年的规划：家庭（妻子＆妈妈）、事业（培训师）、学习（自己）、财务（管家）、关系（朋友）、社区服务（导师）等几个方面（括号里面是我在这些领域里扮演的角色），这1年我要做哪些事情？接下来的1个月，我需要完成哪些任务？最近的1周，时间生活该如何安排？

接下来的1年，我的生活发生了巨大的改变，过去10年积累的能量突然就这样爆发了出来。到2019年，我和姜先生一起把我们10年来走过的家庭经营之路从时间管理的角度梳理了出来，在此分享给大家。

我鼓励姐妹们开始主动地规划自己的生活，而不是被动地跟着社会的趋势、媒体的宣传、孩子们的时间和需要而行动。虽然很多时候我们还是受制于孩子们上下学的时间，但至少，我们要开始尝试把书中介绍的方法落实到生活中的每一天，积少成多。只有这样，才会给我们的生活带来巨大的改变。希望有更多的姐妹可以创造出比我们家更传奇的故事。

1 个时间管理模型搞定妈妈的 7 大时间管理困境

做了近 10 年的全职妈妈，这让我意识到，其实全职妈妈的时间管理并不比职场妈妈轻松。甚至，从某些层面来说，做一个合格的全职妈妈比职场妈妈面临的挑战更多。

这是因为外部环境的约束较少，不用每天打卡，不用加班，不用为每月的 KPI（绩效考核）劳心劳力，自由的空间相对比较大。对于很多中国孩子来说，有时候主动管理要比被动接受更为困难。

做做家务、陪陪孩子、刷刷手机……一天的时间很容易就会过去。但当有一天孩子们大了，离开家的时候，我们又该如何面对"空巢"时光呢？广场舞？麻将？刷剧？

对于想要终身成长的妈妈来说，当然不想就这么浑浑噩噩地过日子，我们想改善自己的生活质量，让自己的生活更有意义。这时，我们首先要面对的就是如何管理时间。可惜的是，我们所面对的时间管理困境，真的不是学几种时间管理方法就能解决的。

很早的时候，我就接触过很多种类的时间管理工具，例如：番茄时间管理、GTD时间管理……也读过一些关于时间管理的书，例如《第五代时间管理》《如何掌控自己的时间和生活》……也使用过手机或者电脑中的一些时间工具。但是，使用后效果并不好，多半都是无果而终，都没有给我的生活带来多大的改变。我由此得出了结论："这些都是外来的东西，不适合我。"

这些年，我逐渐意识到，其实并不是这些工具本身有什么问题。一方面是因为我个人能力上的一些问题，就好像我们和专业的厨师使用同样的调料，做出来的饭菜却有很大差别；我们与造型师使用同一套化妆品，但最终展示出来的效果却会有很大的差异。

另一方面的原因是，市面上绝大部分的时间管理工具或者课程，都是根据职场困境而设计的，而妈妈——尤其是全职妈妈——则是一个特殊群体，我们工作的主要场所、合作伙伴和服务的客户与职场存在本质上的区别。

也就是说，妈妈们与职场人士所面对的困境其实是有很大差别的，所以，很难把职场中的时间管理工具照搬到家庭生活当中——尤其是孩子还小的时候。

在我看来，要想真正改善妈妈们的时间管理问题，首先就要了解妈妈们到底会面对哪些特殊的困境，再根据这些不同的困境，设计不同的执行方案。

时间困境 #1：落后于时代的导师

在大多数比较成熟的公司，新员工入职的时候，便会有入职课程，甚至有的公司还会安排一个成熟的员工作为导师，手把手地带新人。目的就是让新人快速融入，提高工作效率，少走弯路。

想一想，什么样的人可以扮演导师的角色呢？一定是最了解公司文化，熟悉公司业务，奋斗在一线的资深人士才能担任这样重要的角色。

公司在管理方式还有培训手段上会不会沿用二三十年前的内容呢？会不会请一个远离一线工作的人来培养自己的员工呢？

可是，中国妈妈的大部分导师都是自己的妈妈或婆婆。初为人母的妈妈们大都是从老人那里获取经验和指导的。但是，长辈们的经验大多都已经不合潮流了。

中国社会在过去的三四十年间，无论从生活环境、文化氛围还是科学技术等方面，都发生了翻天覆地的变化。这也导致了祖父母辈养育孩子的方式已经不再适用于当下的时代。

可能有人会说："他们的观念和方式也会根据时代的变化而改进吧？毕竟这些年是他们在推动社会的发展。"

答案是：几乎不可能。

美国的科学家在研究中发现，大部分的人都有确立品位的窗口期，包括对食物、音乐、生活习惯甚至是信仰的偏好，都是在这个窗口期之前确立的，此后很难改变。

这个窗口期是在十几岁到二十几岁之间。更小的小孩更喜欢去尝试各种各样的风格，无所谓喜欢不喜欢。过了窗口期，一个人的喜好大体就定下来了。

在线音乐服务软件Spotify 2015年的年度数据显示，大多数人不再听新歌手的歌曲的精确年龄是33岁。这恰好印证了为什么我们去KTV的时候，可以通过观察每个人所点的歌曲来确定他出生的年代。

大多数父母的思想都停留在他们的年轻时代，他们已经过了窗口期，整体的观念已经固化，几乎难以改变。我们的妈妈坐月子的时候，居住条件相对较差，尤其是在农村，她们无法像现在这样勤洗澡，长期把自己捂得严严实实的，担心身体受凉留下后遗症。而现在的居住环境已经得到改善，大多数家庭都已经住进了楼房，但老一辈的人还是不让我们洗澡，继续让我们捂得严严实实的。这导致有的妈妈月子里浑身起痱子，甚至有新闻报道新妈妈在坐月子期间进了医院……

我们父母小的时候能吃饱就已经不错了，哪还有什么油水一说？所以，在坐月子的时候，她们会吃点儿荤腥食品来补充一些营养；现在的年轻人大都营养过剩，如果坐月子时还是大鱼大肉地吃，可能会导致乳腺堵塞——我曾经就经历过。

我们的父母做爸妈的时候没有纸尿裤，所以，她们会觉得纸尿裤有各种问题……总是想要用尿布。

其他的教养方式更是如此，他们刚做父母的时候，能让我们吃得饱穿得暖就已经很好了，哪还会有闲工夫考虑其他事情？语言开发、兴趣爱好、身体素质完全不在他们的考虑范围内。所以，现在他们带孩子总是追着喂，让孩子使劲儿吃，这是他们最关注也最上心的事情。

父辈们的养育方式都是根据他们当时的环境、生活条件、风俗习惯形成的，在他们那个年代，他们的做法可能是比较好的方式。

但是，时代不一样了，我们已经从农业社会转变到了互联网社会，我们如果还沿用传统的养育方式，自然会导致严重的问题。

可惜的是，很多妈妈虽然在书上和互联网中获取了很多知识，可实际养育的时候，还是会依照老人的方式养育，结果走了很多弯路，又要花时间去调整。

要知道，我们有太多时间都浪费在了修正前期工作的失误之上。

时间困境 #2：后置的人生规划

当我们在职场选定一个职业后，多多少少都会准备接下来的职业规划，即使我们没有详细的方案，也会受到公司或者同事的影响，进而持续不断地向前发展。

有些成熟的公司，从入职的时候，就会开始跟员工从个性、经验、学历、人脉以及公司的发展等各个层面一起探讨未来的职业规划。

我们可以大致知道，从业务员到业务主管再到经理、区域经理、总经理这一路下去，我们大概要用多长时间，花多少精力，获得什么样的回报，等等。如此一来，我们自然就很清楚该如何进行时间规划。所以，这也是职场时间管理课程中的重要内容之一。

从简单的描述可以看出，在职场中，都是先有预期或者规划，再去有目的地执行。但是，妈妈这个"职业"基本上都是先承担起工作，走到一半了，才发现自己需要重新思考今后的人生道路，很多妈妈会在这个时候感觉一切都来不及了，然后放弃。

线下活动的时候，经常会有妈妈跟我说："孩子大了之后，白天都上学，我也有自己的时间，这时候我也很想重新回到职场，发挥一下余热，但不知道自己该做什么，能做什么。总觉得自己什么也做不好，也不知道能不能适应职场的生活……"

很多妈妈为此而纠结，一方面想回家做全职妈妈照顾孩子，但是又怕以后再回到职场难度会非常大，而且总觉得自己无法得到社会的认可，更怕没了自己的私人时间；如果坚持回到职场，又难免疏于对孩子的养育、教导，又怕孩子长大后，自己会后悔。

我身边的一个朋友就很有代表性。生完老大后，叱咤职场的她为了照顾孩子，回家做了两年全职妈妈，又生了老二。她觉得养两个孩子压力大，而且全职主妇的生活使她彻底与社会脱节，所以，她衡量再三后重新回到职场。可工作了不到一年，又因为孩子的缘故再次回家做了全职妈妈……

作为一个80后，我也有非常强的自我意识。我期待在养育好孩子的同时，还可以拥有自己的生活，并且有机会在社会上找到自身存在的价值——这也是这个时代大多数年轻妈妈的最大困扰之一。

可见，如果没有适合自己的未来规划，我们当下所做的时间管理方案是很难持久地坚持下去的，反而总是会在各种压力下纠结，然后耗费大量的时间精力。

时间困境 #3：意志力的枯竭

最近几年，越来越多的职场精英开始注意到，意志力（也可以称为精力）已经成为工作中的重要资源，要想在职场上有更好的发展，必须学会管理自己的意志力。尤其是跟人打交道的工作，非常耗费意志力。很多企业，尤其是服务性的企业，也越来越重视帮助员工学习如何管理意志力。

工作中的突发的、个人能力以外的、不擅长的、未知的事情，都需要我们用极强的意志力去克服自身的惰性、负面情绪等。简言之，只要是心理舒适圈以外的事情，基本上都需要耗费我们大量的意志力。

值得庆幸的是，每天的工作只有8个小时的时间（当然，有些工作压力比较大的公司和收入比较高的职位，会采取996工作制），下班后可以休息。

妈妈们的工作环境可没有这么轻松——即使是跟996相比，我们的工作制基本都处于007的状态。什么是007？ 0点~0点，每周7天无休息，尤其是孩子3岁以前。并且在日常生活中，妈妈们几乎每天都要打破自己的舒适圈，要面对比身在职场时更多的挑战。

为什么会这样？随着孩子们不断长大，大脑发育越来越快，需求也就随之越来越多，我们需要不断地调整养育方式才能适应他们的变化。作为妈妈的我们面对的并不是一成不变的业务对象。

作为5个孩子的妈妈，我深有体会。2岁以下的孩子最大的挑战就是作息习惯，有多少父母被晚上睡不好觉的孩子折腾得身心疲惫？在这样的情况下，给我们怎样的时间管理工具也没有用，因为根本没有精力去执行，有空就去睡觉了！

刚做妈妈的头两年，我也是如此。老大出生后，希望培养她固定的作息规律，读了一些这方面的书。头两个月，还算比较顺利，每天在固定时间哄她睡着后，把她放在小床里自己就能睡很长时间。

但好景不长，老大3个月的时候第1次感冒，鼻子不通气，总是被憋醒大哭，没有经验的我便开始一哭就喂奶的模式。从此以后，每天必须奶睡和陪睡的习惯算是养成了，晚上我完全没了自己的时间，都是陪孩子一起睡。

没想到更恐怖的还在后面。老二出生，我真正的噩梦才刚刚开始。尤其是坐月子的前几天，白天还好，有老人帮忙带，我还能休息。但到了晚上，就剩我和先生两个人，跟大部分家庭一样，我们一家4口睡在一个房间里，虽然孩子都睡自己的小床，但是因为要哄睡，他们的睡眠质量都不太好，晚上要醒好几次。一个醒了哭，也会把另一个吵醒。所以，一晚上折腾六七次是常态，我们几乎都没有睡过一个整觉。

如此坚持了5天，我和先生就濒临崩溃了！觉得特别后悔，放着好好的日子不过，为什么非得要个老二？简直太折磨人了！真的是要抓狂了！这样的背景下，白天哪还有心思干别的事情，见缝插针就想去补觉。

出了月子，白天要给孩子们备餐，带着他们外出，参加娱乐活动以及做家务……满足孩子们的需求，就已经把白天的时间占得满满的，晚上基本都是身心俱疲的软泥状态，哪还有心思干别的事儿？

等孩子们长大一些，情况也仍然好不到哪去。尤其是老二3岁以后，彼此之间的战争场面几乎每一天都会上演。作为家长，我们就像大法官，每天各种评理，各种调解，各种纠结……即使是二孩家庭，也同样会遇到上面的场面，更何况我们有5个孩子！

对于我们80后这一代独生子女来说，这简直就是噩梦！从小到大，我们何曾经历过这样的阵势？都是一个人长大，想打架都找不到对手。

成为父母后，突然要处理如此频繁、复杂的家庭战争，绝对让人措手不及，心烦意乱。越到晚上越容易出现焦躁的情绪，甚至暴怒狂吼也是常有的事儿。

每天晚上，我都想找个安静的地方一睡到天亮，哪有心情看书、写文章、听课……开什么玩笑？！

老大6岁开始小学生活后，我、先生、老大3个人似乎都没有为这场突如其来的考验做好准备，太多的意外都在我们的经验之外。

老师的严格要求和其他同学的优秀表现，以及我和先生的茫然无助和老大的泄气表现之间产生了巨大的张力，不断地挑战着我们之前建立的亲密关系。各种矛盾、挑战瞬间打破了我们家原有的平衡。

每天晚上写作业的时间，对我们3个人来说就像上刑场，老大写作业到10点钟是常有的事儿。中间，老大还要上几次厕所、喝几次水、抠手、挠头、走神、流泪……一遍一遍地重复"我不会""我背不下来""我头疼"……

这些语言和行为不断地消磨着我和先生的意志力，我们说话的声音越来越大，脾气越来越坏，对孩子越来越没有耐心。

我们就像攻占钢锯岭的突击队（注：电影《血战钢锯岭》中的剧情）一样，轮番上阵，最后却一次次地败下阵来。反而，陪另外几个孩子成了我们休息的时间。于是，我们开始采用一系列的"后果"进行威胁教育，以管教为借口来发泄自己的情绪。

每次看到老大痛苦的表情、听到她辩解的言语，我们的情绪就很难控制，坏脾气也随之而来，对她吼几句，老大就会继续写一会儿……十几分钟后再来一次，仿佛陷入死循环中无法自拔。我们都知道这样做不对，但是怎么就控制不住呢？每次想到后面还有好几个孩子，如果都这样的话，我们早晚会被送进精神病院吧？

要想控制这种负面情绪，需要消耗大量的意志力。很多职场父母白天的工作已经消耗了他们很多的意志力，晚上回家就像被抽空一样，这时再给孩子辅导作业，情绪当然容易爆发，也就是所谓的沾火就着。

在这样的情况下，谈何思考人生？谈何时间管理？意志力的枯竭，让我们根本没有能力去执行时间规划。

时间困境 #4：严重内耗的合作模式

在职场生态中，只要是供职于一家相对成熟的公司，都会有固定的工作模式。首先，创始人会提出公司的使命和愿景，接下来，高管团队会根据这个使命和愿景制订每一阶段的战略目标。然后，各个部门都会根据战略目标制订部门的工作计划……

在这个过程中，大家会主动与老板、同事、客户以及供应商相互配合，一起完成既定的工作。为此，每个岗位都有固定的工作职责彼此约束，每个部门都有自己的目标和计划相互配合……最终，我们可以完成公司整体的战略目标、使命和愿景，这样就形成了相对成熟的运行机制。

基于这些运行机制，当我们制订自己的时间管理计划时，自然就会考虑个人的行为是不是有利于完成部门或者公司的目标，同时也要考虑如何让其他人参与进来，如何让个人的时间管理计划为整个团队带来好处。在《第五代时间管理》一书中，作者用了大量的篇幅来介绍如何做到这些。可见，团队的目标以及合作，对于个人的时间管理有多重要。

在中国的家庭生活中，家庭成员也有相对固定的配合模式，但这个模式却为当下的人们所诟病。

在绝大部分的中国家庭中，夫妻其实并没有特别明确的家庭愿景或者目标。每一个家庭成员都是根据自己的喜好、理解和社会的文化习惯来经营家庭的。想想这样会有什么后果？**就像缺少目标和愿景的公司一样——各自为政，效率低下。**

很多男士对于家庭的理解是："男主外，女主内。"因此，许多男士都不太愿意主动参与家庭的事务，尤其是年轻的时候，他们全部的心思都放在事业上。他们认为，作为丈夫、父亲，最重要的应该是解决家庭的生计，从而忽略了夫妻关系以及孩子的养育，尤其是在低幼阶段，很多爸爸也被戏称为"提款机"，很是恰如其分。

这样一来，妈妈不但要肩负养育孩子的责任，还要承担几乎所有的家务劳动，时间长了就会出现严重的后果。

首先，有一部分妈妈几乎没有什么个人时间，每天重复着单调的家务劳动。几年下来，职场技能就忘得差不多了，再加上缺少与外界的接触，造成精神世界与社会脱节，甚至失掉独立生存的能力，导致严重的心理问题。

其次，自从做了妈妈之后，她们的重心自然而然会偏向孩子，每天几乎都是围着孩子转，再加上丈夫不怎么顾家，两人的交流越来越少，夫妻关系也受到了极大的考验。

最后，孩子缺少父亲的陪伴，会出现很多后遗症。男孩儿如果是跟着妈妈、奶奶长大的，时间久了性格会比较柔弱，缺少勇气，害怕失败。女孩儿如果缺少父亲的陪伴，长大后也会不自信，不擅长与异性交往。

很多妈妈也都意识到了这些弊端，希望丈夫可以分担一部分家务和养育孩子的工作，结果都不理想，关系反而越来越紧张。

但如果站在男人的角度来看，白天在公司跟老板和客户沟通、周旋，回家后又要被老婆、孩子指手画脚，心情能好吗？

为了缓解生活压力，很多家庭选择让老人帮忙照顾孩子，这就形成了中国目前最普遍的社会现象——隔代养育。

有过经验的妈妈们都知道，老人其实很难按照我们期待的方式养育孩子。老人通常都会宠着孩子，大部分时候难以坚持原则，只要孩子一哭闹，老人通常都会同意他们的请求。几年下来，孩子会养成很多不良习惯。

很多妈妈跟我说：现在有点儿后悔让老人帮忙带孩子了，有些习惯一旦养成了，则需要花费很多的时间和精力去修正，反而会浪费更多的时间，并且搞得全家关系紧张。

再者，老人更多的是关注孩子生活上的一些事务，也就是日常的吃、喝、拉、撒，在其他方面的教养，尤其是3岁以前的早期教育几乎没有。让他们学习相关方面的知识，一则年龄大了接受能力差，另一方面，他们也没什么意愿去学习这些东西。有些老人还会说："我就是这么把你养大的，也没看你差到哪去啊？"

不说他们，看着闹心；说多了，老人也不愿意，真的是左右为难。

孩子们也不让人省心，都是衣来伸手饭来张口，家务活基本指望不上，不添乱就算好事儿了。稍微大一点儿，陪着去上各种兴趣班，回家后还得陪着练。上小学后，除了接送以外，还得辅导作业，辅助孩子完成学校布置的各种其他任务。

想一想，如果我们家的5个孩子都要用这样的养育方式，我和我先生该怎么活啊。

在这样的合作模式下，妈妈们真的可以做出有效的时间管理方案吗？丈夫、老人以及孩子会配合我们的计划吗？

时间困境 #5：永远做不完的家务

在职场中，我们的工作会被限定在一定的范围之内，很少有人会愿意主动承担自己职位以外的工作，而绝大部分的时间管理计划也都是围绕着职位本身而展开的。

如果我是一个主动的人，会为同事或者客户考虑得更多一些，工作也会做得细致一些，但这些还是会限定在一定的范围之内。其他同事也不可能总是让你做他的工作。

但是作为妈妈来说就不一定了，每一个全职妈妈几乎都是多面手，所要扮演的角色可能超过了 30 个。我们都想给孩子创造一个完美的成长环境，这便要求自己任何错误也不能犯，一定要给孩子提供最多的帮助、最好的环境、最好的教育……

所以，我们有着最长的兼职清单：

早教老师：帮助"客户"发展早期智力；

营养师：从早到晚琢磨着让"客户"吃得营养均衡；

厨师：保证营养均衡的同时还要美味，要不"客户"不买账；

司机：接送"客户"出行；

护士：随时照顾"客户"的各种伤病；

保洁员：每天保证"客户"的房间以及所到之处干净卫生；

心理医生：如果"客户"情绪不好，需要帮助调节；

策划：随时准备帮助"客户"策划各种活动，包括但不限于百日宴、生日会……

造型师：帮助"客户"打理形象；

财务：不仅需要帮助"客户"管账，还要考虑未来的生计；

设计师：对"客户"的房间精心琢磨，既要考虑美观，又要考虑到实用，还得省钱；

家庭教师："客户"每天的作业需要辅导，即使气得火冒三丈，也不能辞职；

生活教练：为"客户"提供未来生活的咨询服务；

陪练："客户"在外面学了钢琴、舞蹈、英语……回来你要陪着练。持续几年，自己也可以升级当老师了；

演员：有时候为了让"客户"高兴，还要扮演各种角色；

歌手：时不时地还要给"客户"唱上几首歌，还不能唱得不好听；

修理工："客户"的玩具、电器、学习用具坏了，都需要你修；

个人助理：帮助"客户"记录以及规划各种活动；

法官："客户"之间有矛盾了，需要你站出来调解；

法人代表：参与制订"客户"的各种活动规则；

啦啦队长："客户"有外事活动，参与各种比赛时，需要你在旁边加油助威；

管道工："客户"因为失手，经常把玩具"放"在下水道，得想办法疏通；

摄影师：记录"客户"每天的点点滴滴，虽然"客户"有时候并不买账；

侦探：有时候需要了解"客户"的行踪和日常表现；

翻译：在"客户"与他人之间搭建起沟通的桥梁；

牙科医生："客户"的牙齿越来越重要了，未来有了一口坏牙该怎么办？

旅行家：每到"客户"的假期，都要琢磨去哪玩儿；

提款机："客户"没钱了，就得到你这儿取点儿；

新媒体管家：最近很多"客户"都有这个需求，什么抖音小视频、微信公众号……

公关："客户"在外面遇到危机或者需要打通关系时，随时准备救场；

健身教练："客户"的体能状况，也常常需要你操心，尤其是城里的"客户"；

导购：时常要提醒"客户"，如何选购合适的物品；

搓澡师傅：经常要帮"客户"洗澡……

小丑："客户"心情不好了，需要逗他们开心；

装卸工：时常需要帮助"客户"搬运各种物件儿；

宠物看护：帮助"客户"照顾宠物；

保镖：随时照顾"客户"的安全；

人生导师：帮助"客户"规划未来；

睡眠引导师："客户"睡不好觉了，需要你提供帮助；

……

作为一个妈妈，要找到一个接近完美的育儿方法，势必要付出更多的时间、精力去学习实践。而越接近完美，所需的成本就越高。

在孩子的教育上，我们有了接近完美的成果，那其他方面呢？有没有时间让自己得到休息？有没有时间跟丈夫在一起？有没有时间发展自己的事业？有没有精力和闺密一起聊天？

有这么多工作要做，哪还有自己的生活呢？更别提做什么时间管理了！

时间困境 #6：缺少有效的时间管理方案

年会的时候，公司的主要负责人都会结合当下的发展情况公布下一年度的战略，随后各个部门会围绕这个战略制定各自的目标，并根据这个目标拆解关键任务，最后制订下行动方案来执行任务。这套流程对于职场工作的姐妹们，一定是再熟悉不过了。

我相信大家也都有过体会，在这个过程中，一线工作的员工制订合理的目标和任务拆解的过程，对日常的工作有着非凡的意义。如果没有这些细致的分析与推演，很多时候我们真的很难理解老板到底想要什么。虽然非常努力地工作，却总觉得做不到点儿上，工作效率很难提高。

妈妈的日常生活更是如此，我们平时的时间安排本来就比较随意，又没有从上面来的压力，所以很少有人会花时间思考具体的行动步骤。即使有最终的人生地图，也有每年的目标，却依然很难实现，很容易就被孩子、家务这些事情把大部分时间都占据了。

出现这样的情况，一方面可能是我们定目标的时候没有认真地思考是否合理；是否与我们未来的人生计划有很好的关联度；是否可实现；是否符合smart原则。另一方面，不是我们制定的目标不合理，也不是我们缺少决心（至少在制定目标的时候决心都是相当大的），而是我们缺少了一个非常重要的步骤——拆解任务。也就是我们要花时间来分析实现这个目标的过程，都需要完成哪些关键任务？我们需要为它付出多少时间，付出哪些代价，需要哪些人来配合？

其实，无论是企业还是个人，如果缺少了这个推演的过程，再完美的战略、再合理的目标也很难完成。更何况是家庭生活。

另外，家庭事务相比很多企业来说，并不简单，意外情况也不少。很多姐妹的时间都用来应对家庭中的各种突发事件，根本没有一套有效的方案来使自己的时间更高效，基本上就是被生活牵着鼻子走。时间久了，很容易会对生活失去希望。

时间困境 #7：缺少适合的时间管理工具

工欲善其事，必先利其器。每一个奋斗在职场的妈妈都知道，要想把自己的工作做好，一定要有趁手的工具和熟练的技能。像常规的Excel、Word、Power Point……每个职业都有自己专属的工具，这些趁手的工具可以帮助我们节省很多时间。

就拿姐妹们都熟悉的厨房为例，如果想要做中餐，必备的有案板、刀具、炒勺、炒锅；如果做西餐，又要换一套工具，还要增加烤箱、平底锅；如果做烘焙，要增加厨师机、各种量杯……所以，想要做好时间管理，我们需要好用又合理的时间管理工具。

我大概查了一下，在网上书店销售的有关时间管理的图书多达几百种，可见其在职场中是一个多么热门的话题。其中，还有十几本是教导父母如何培养孩子的时间管理能力的。但市场上却几乎没有教导妈妈做时间管理的书籍和课程。这么重要的一个"职业"，居然没有人给出相关指导，这也可以看出来，大家对此是多么不重视。

在每一章的后面，我都会推荐给姐妹们一些表格和工具，一方面可以帮助大家实践所学的内容，另一方面可以提高大家的效率。

超人妈妈的时间管理模型

管理大师彼得·德鲁克曾在《有效的主管》一书中简明扼要地指出："效率是'以正确的方式做事'，而效能则是"做正确的事。"通俗地说，效率是完成任务的速度，而效能则是关于任务本身。

如果以跑步来举例，效率就是我们的身体素质、跑步的技巧，效能就是终点以及去往终点的路径。如果枪响以后，我们跑步的方向不对，跑得越快，我们距离终点就会越远；如果我们的方向对了，跑得虽然慢，最终却可以到达终点。时间管理也是如此，我们考虑如何提高时间的使用效率之前，务必要考虑清楚我们时间使用的效能。

从这个角度来看，本书的内容可以分为两个部分：一部分是帮助姐妹们提高时间使用的效能，另一部分是如何提高时间的使用效率。我们可以用下面的火箭图形来表示。

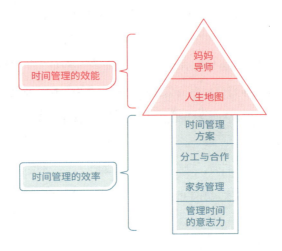

时间管理的效率分为4章，大家可以通过学习与家人合作，合理安排家务，管理自己的意志力，制订时间的使用方案来提高时间的使用效率。

时间管理的效能分为两章，根据这两章的内容，大家可以通过观察妈妈导师的生活，制订自己的人生地图，找到自己的人生方向，正确地使用时间。

时间管理其实真的没有看起来那么高深莫测，它就是一种相对理性的思维方式或者生活习惯，不需要多高的智商、情商，只是需要我们付出一些耐心，不断练习，就可以熟练掌握。一旦我们养成了这些习惯，我们的生活就会发生翻天覆地的变化。

第一部分

妈妈更需要用精力管理来提高做事的效率

我们从小到大的教育中关于学习效能的部分其实非常有限，学习主要就是围绕着解决问题的方法以及完成任务的效率展开的。所以，我们常常觉得效能有点儿空，好像距离我们生活中的实际困难很远，不太实用。

　　其实我曾经也是如此。大学毕业后，公司就培训过关于效能的课程：《高效能人士的七个习惯》。工作中因为不断操练，实践得还算不错。但是从当妈的第1天开始，我就几乎把所学的内容全部抛诸脑后了，直到5年以后成为3个孩子的妈妈，我才逐渐有精力去思考这些让我的生命获得巨大益处的内容。

　　所以，我们把效能部分的内容放到后面，先从模型的底部开始往上聊，先来探讨如何提高我们的时间管理效率，也就是正确地做事情。把眼前的事情处理好，有了精力之后，再去思考如何规划自己的人生。

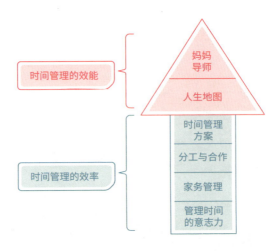

如何提高时间使用的效率？很多人倾向于使用工具管理自己的时间，事实上时间管理并不仅仅是管好自己的时间这么简单，否则所有人都会做得很好了。对于妈妈来说，时间管理还涉及如何与家人合作，如何有效安排家务，如何制订自己的时间管理方案以及如何管理自己的意志力这4个主要内容。

　　尤其是管理自己的意志力，这部分常常被我们忽视，导致虽然我们制订了非常完美的计划，但是常常执行不下去，中途就放弃了，这都跟意志力有关。

第二章

管理意志力是
管理时间的基础

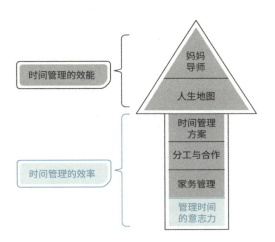

时间管理的效能

妈妈
导师

人生地图

时间管理的效率

时间管理
方案

分工与合作

家务管理

管理时间
的意志力

　　意志力就是我们常说的精力，近十几年来，科学家研究发现，其实意志力是有效做事情的基础，属于有限资源，每天可以通过休息来恢复。如果意志力的存量很少，我们就很难有效地利用时间。在本章，我会通过以下4部分内容——如何获得意志力、6个核心习惯、处理孩子们的分歧以及陪娃写作业，与姐妹们一起探讨，如何管理自己的意志力。

01 琐碎又乱如麻的日常，妈妈如何获取意志力

说实话，带5个孩子真的不轻松。每隔一段时间，我就会遇到新的麻烦，尤其是在孩子处于低幼阶段时，对从小一个人长大的我和先生来说更是万分艰难。

我们需要不断地走出自己的舒适区，逼着自己学习成长，去迎接这些新的挑战。有时候，我们也会疲惫——非常疲惫，也会跟孩子发脾气，但过后我们也后悔，当然也会和孩子道歉。

先生经常跟我说："看来我这内力还没到火候，你帮我找找金庸小说里的北冥神功练练吧，要不吸星大法也行。"

我苦笑着对先生说："我还想练呢。"

2015年，姜先生看了一本书——查尔斯·都希格写的《习惯的力量》。刚开始，我们谁也没在意，后来忽然发现，这本书里提到的意志力，与武侠小说里描述的内力很像。没想到这种虚无缥缈的东西还能被老外拿来做学术研究。并且还研究出了内功心法。我们就好像拿到了武学秘籍，开始认认真真地阅读。

查尔斯·都希格描述了马克·姆拉文教授进行了大量的有关意志力的实验（有兴趣的朋友可以在该书的129～137页查看相关内容）。**最终他发现"意志力不是一种技能，掌握以后永远不会忘记。而更像是一种力量，就如同你手臂和大腿中肌肉的力量，用**

力过猛会感到疲惫，肌肉剩余的力量就不足以供给其他活动"。

是不是跟武侠小说里提到的内功很像？一个大招放出来，自己就累得躺在地上不省人事了。

书中还记录了很多意志力在职场中的作用以及相关的实验和案例，其中有一个案例给我留下了深刻的印象。

星巴克的服务人员，每天要面对大量千奇百怪的客人，如何保证员工不受客人情绪的影响，保持服务质量，是培训部最重要的任务。

有些客人因为排队时间过长、上错饮品等原因情绪失控，对服务员指责、抱怨，甚至谩骂，面对这些危机，很多员工会予以反击，甚至动手。

在遭遇这样的痛苦经历时，员工们的自我控制力通常会瞬间瓦解，他们稳定服务的表现会瞬间消失，所有培训所学的内容也完全派不上用场。

星巴克的培训部门根据习惯回路的原则，调整了原来的培训策略——通过培养员工的意志力来帮助员工应对这些情况。

所有新入职的员工，经理会让他们构想在工作中遭遇到的不愉快的情况，并把这些内容写在笔记本上，再与员工一起讨论这些情况的解决方案，将应对方案记在后面。

针对各种让人备感压力、导致人放弃坚持的诱惑拐点，星巴克为员工准备了相应的解决方案。然后再一遍又一遍地按照这个方案实践，最终形成一种习惯，完全不用消耗过多的意志力。

通过这个案例，我们意识到：人的意志力其实是有限资源，一旦在某个方面耗费太多，能用在其他方面的就少了。

如果妈妈们在照顾孩子的时候耗费了太多的意志力，那在其他方面自然就没有意志力去做了。要知道，学习、思考、总结、反思，都是很耗费意志力的事情。所以，作为妈妈，**要想做到有效的时间管理，首先要学会管理自己的意志力。**

就像星巴克培训法一样，在与孩子互动的过程中，我们也需要找到让我们发怒的诱惑拐点，再找到有效的解决方案，经过一段时间的实践便会形成习惯，这能够大大降低意志力的消耗。这是管理意志力最有效的方式之一。

晚上，我和先生经常会一起探讨、沟通白天遇到的各种育儿问题。然后，第2天去实践，晚上回来再商量，再修改，直到找到合理的应对方法。

我们之所以能够在跟5个孩子的互动过程中，保持相对稳定的情绪，和这样的习惯有很大的关系。我们在不知不觉中就用到了星巴克的培训策略。

在养育孩子的过程中，尤其是他们0～6岁时，是父母痛苦诱惑拐点最多的时期，作为资深的多子女家庭的父母，在孩子们的作息、饮食、穿衣、洗漱、沟通、娱乐、出行等方面，我们都曾吃尽了苦头。

如果每个孩子都需要陪睡，我们每天晚上还有时间休息吗？

如果几个孩子都需要喂饭，并且挑食，那又会是什么样的场景？需要多少成人帮助才行？

如果孩子们3岁以后还需要成人帮助他们穿衣服、洗漱、穿鞋……每天早上会忙成什么样？

如果孩子们每天争吵不断，都不听话，我们每天需要付出多少意志力?

如果父母带着几个孩子外出，他们四处乱跑，没有良好的安全习惯，需要多少人随行看管才能保证他们的安全?

除此以外，对于多子女家庭来说，处理几个孩子的分歧，也是非常耗费意志力的。当然，上小学以后，陪写作业也是一个相当痛苦的过程，我们也不例外。在前一章中，我就介绍了一些我曾经历过的痛苦。

我和先生把在养育孩子过程中遇到的各种让人备感压力、导致人放弃坚持的痛苦诱惑拐点加以总结后，制订出了相应的解决方案。如果妈妈们可以一遍又一遍地按照这些方案去实践，孩子们便可以形成自己的核心习惯。有了这些核心习惯，父母在养育孩子的过程中，消耗的意志力就会越来越少，也会为以后的时间管理打下坚实的基础。

其中比较重要的是0～6岁阶段要形成的6个核心习惯。这6个习惯具有连锁反应的能力，当它们扩展到整个家庭时，便会引起其他习惯的改变。

换言之，这6个习惯比其他习惯在重塑家庭生活方式上更有影响力，它们就是核心习惯，影响着全家人的工作、饮食、娱乐、消费和沟通方式。

《习惯的力量》这样形容核心习惯：最重要的习惯是那些自身变化后，依然会驱动和重塑其他行为模式的习惯。也就是说，成功其实并不需要做对每一件事情，而是需要辨别出一些重要的优先因素，并将其变成有力的杠杆，撬动其他因素一起改变。

养育孩子同样有这样的核心习惯，尤其是在孩子小的时候，一旦养成这些习惯，不但会给孩子带来一生的影响，也会给全家人的生活带来翻天覆地的变化，尤其是多子女家庭。

"成功其实并不需要做对每一件事情。"这句话对于多子女家庭来说是至关重要的，我们要把同样的时间分配给两个、三个甚至是五个孩子，没有办法像独生子女父母那样在一个孩子身上投入所有的时间和精力，这就要求我们找到那些对孩子影响最大的事儿来做，否则，我们势必因精力耗尽而疲惫不堪！

接下来，我们就详细介绍一下，这6个核心习惯到底是什么。（具体习惯如何养成，大家可以参考我的音频课程。）

02 为孩子建立 6 大核心习惯，让高效成为可能

根据孩子们的发育特点，每一个年龄段，都有重要的任务，从我们的经验来看，3岁之前，最重要的工作是培养孩子的6个核心习惯：睡眠、饮食、沟通、安全、生活、娱乐。

第一，解决睡觉的场景：睡眠习惯

睡眠习惯包括入睡时间、睡眠时长、入睡习惯3个部分。

入睡时间，指从出生后开始记录和观察孩子的睡眠规律，逐渐地引导他在相对固定的时间入睡。

睡眠时长，指有充足的睡眠时间，符合世界卫生组织对不同年龄段的睡眠建议。

入睡习惯，指可以自己入睡，不用成年人哄睡。

6大习惯中，睡眠习惯是最重要的。一旦养成这个习惯，后面

的习惯养成会容易很多。当然，最重要的通常也是最难的。我们在老大小的时候曾尝试过一些方法，每次都以失败告终。现在总结，主要是没到忍受不了的地步，毕竟是1个孩子，6个大人轮流哄，将就一下就过去了。

老大从出生开始，就睡自己的婴儿床，跟我们在一个房间。我每天晚上9点左右躺在大床上陪睡，很多时候，孩子还没有睡，我就先睡过去了。她夜里经常会醒2次到3次，导致我的睡眠质量很差，总是睡不够，完全没有时间进行充电或独处，更别提和先生的单独相处了。

有了这样的痛苦经历，在有了老二后，我就痛下决心，一定要好好培养孩子们的睡眠习惯。终于，在老二出生第6天，我找到了合适的方式，后面的4个孩子都养成了非常好的睡眠习惯。出生6~8周，他们都能从晚7点睡到早7点，白天每4小时喂1次奶，睡3觉，每次2.5小时。

老五出生16天的作息时间

因为一直住在两居室里，没有信心把3个孩子放在1个房间，担心彼此打扰。所以老二和老三出生后，都是新生儿单独一个房间，大孩子在我们房间。小孩子都是自己入睡不需要哄，老大则一直需要陪睡。

直到2012年12月28日，我下定决心改变自己的生活方式！白天我和两个大孩子沟通，讲了三姐妹睡在一起的好处，两个姐姐居然欣然接受，欢天喜地和我一起对老三的房间进行大改造，将自己的床也都搬了进去。

到了晚上7点半，我把她们送进房间，道了晚安，门一关，我就在门口听着，担心她们会彼此影响。老二和老三都有很好的睡眠习惯，安安静静地睡了。只有老大跑出来几次，喝水、上厕所。就这样，我在不经意间正式促成了所有孩子独立入睡的习惯。

当天晚上，先生回家后进卧室里换衣服，刚进去就慌张地跑出来说："孩子们呢？孩子们怎么不见了？"看到我笑眯眯地看着他，听我说了经过后，他惊讶地说："真的假的？孩子们这就都自己睡了？我的天，你可真是敢想敢干啊！"当天晚上，我俩居然大眼瞪小眼地坐了一晚上，已经5年没有过这么多的自由时间了，除了聊聊天，都不知道该干点什么好了。

从这一天开始，孩子们每天7点半都会自己上床睡觉（外出的时候，会有所调整），而且不用陪睡，全部自主入睡。

这绝对是我们家的一个里程碑，从这天起，我开始有了自己的私人时间，晚上8点左右，我可以见朋友、看书、学习，和先生一起看电影……终于有时间让我规划了！这对一个全职妈妈来说，意义太大了。现在想想，我还是非常钦佩自己当时的勇气。

第二，解决吃饭的场景：饮食习惯

饮食习惯包括：自主进食、准时吃饭、饮食结构及充足的量。

自主进食，指1岁以后孩子在没有成年人的帮助下，可以自己吃饱。

准时吃饭，指孩子早、中、晚3餐的时间比较固定，不会出现因为贪玩儿而不吃饭的情况。

饮食结构，指各种食物孩子都可以吃，蔬菜、肉、豆制品、五谷……孩子不挑食。

充足的量，指孩子有能力判断自己是否吃饱。

其实，引导孩子独立进食不挑食，并没有想象中的那么困难，这要比培养睡眠习惯轻松很多。只要方法得当，引导及时，健康的宝宝1岁左右都可以做到。

宝宝6个月时，我们开始遵循儿童保健专家单晋平教授的建议，引导孩子独立进食。我们开始让孩子吃糊状物，把食物放在餐盘里，让孩子自己抓着吃。

7个月开始，喂完食物泥，如果大人还在用餐，就可以给他一些磨牙棒、泡芙之类的食物，让孩子自己抓着吃。

8个月之后，要给孩子一些稍硬的块状食物，比如：菜花（煮的时间要长一些）、土豆块、红薯块、小块的馒头……（我们也会观察她大便的情况，看看食物消化得怎么样。）我们老二从8个月开始，坚决不吃喂的饭，全程自己喂饱自己。

宝宝的手部肌肉锻炼得越来越好，抓食物的动作越来越熟练，牙齿越来越多，这时候我们开始逐渐增加她自己吃饭的比重。我们后面的三个孩子，10个月都可以自己吃饭了。

根据大夫的建议，我们会给孩子们尝试各种口味的食物泥，帮助孩子适应各种口味的蔬菜、水果、肉类，等孩子逐渐适应这些味道后，便可以大大降低孩子挑食的概率。

事实也确实如此，虽然5个孩子都有自己不太爱吃的东西，像老大不爱吃秋葵（理由是黏黏的像口水），老二不爱吃萝卜，老三不爱吃茄子，老四不爱吃青椒和芹菜（理由是味道怪怪的），老五不爱吃酸的东西……其他的基本都是给什么吃什么。

即使不爱吃，他们也会每次吃3口。我们会告诉他们，爸爸妈妈也有很多不爱吃的东西，你们不爱吃的爸爸妈妈基本也不太爱吃，你看爸爸妈妈也在吃，因为我们的身体需要这些蔬菜里的营养。

从6个月开始，我们开始给孩子用手持的水杯，让他们自己喝水或者喝奶。

从10个月开始，我们给他们勺子、叉子，让他们尝试使用这些工具。最初孩子们只是当玩具，但他们最后总会意识到，这东西可以把食物送到嘴里，他们就会模仿大人，越来越多地使用餐具了。

经过这样引导，1岁以后，在吃饭这件事情上，孩子们基本不用大人花时间照顾了。

8个月和1岁后的自主进食

所以，每天7个人的晚餐，从备餐到用餐结束，我们通常60分钟就可以搞定。可以节省很多时间和意志力给孩子讲故事，陪他们玩桌游，看他们写作业……

第三，解决交流的场景：沟通习惯

沟通习惯，包括：听得懂、说得清、能交流及能执行。

听得懂，指宝宝可以听我们说话，知道我们说的是什么意思。

说得清，指宝宝从12个月左右可以用手语表达基本的需求，2岁左右可以用语言表达自己的需求，3岁以后可以自己解决与兄弟姐妹之间的日常矛盾。

能交流，是指宝宝根据父母的反馈，可以调整自己的预期。尤其是在2岁左右，不会因为无法实现自己的愿望而哭闹不止。

能执行，是指宝宝听到父母的指令，可以立刻、马上执行。

从6个月开始，我会用手语与进行孩子沟通。

9个月左右的时候，孩子可以用手语表达自己的基本需要，喝水、饿了、吃饱了……不会因为说不出来，而急得哇哇大哭。

1岁多会说话的时候，就可以开始培养礼貌用语："请""谢谢""对不起"……

2岁左右可以开始培养他们表达自己的情绪和需求，从"我渴了"到"请帮我倒杯水可以吗？"从乱发脾气到"妈妈我想抱抱""爸爸你能给我讲故事吗"。

这么做真的有效吗？会有什么成果？大家可以看一下我家的一个沟通案例：

四个孩子分工合作

　　这张照片是7岁半的老二带着6岁的老三、4岁的老四、2岁的老五一起做蛋糕的场景，这个过程基本诠释了我们所期望的孩子们可以养成的基本沟通习惯。在整个过程中，我和先生完全没有参与。

　　有一天，老二特别想做蛋糕，然后跟我说："妈妈，我们可不可以做蛋糕？"我说："今天太累了，我真的没有力气跟你们一起做蛋糕了。"然后她说："妈妈，没关系呀，我会呀，你只需要把做蛋糕的配方给我打印出来，我就可以照着做了。你去休息，等你睡醒了，蛋糕就烤好了，你就可以吃了。"

　　弟弟妹妹们一听要做蛋糕，都特别兴奋，想跟她一起做，纷纷围拢过来。老二说："没事儿，没事儿，你们在这等着吧，一会儿我做好了你们可以吃。"老二说这句话的时候，我感觉她是希望自己有好的表现给爸爸妈妈看。因为此前都是姐姐一个人操作的，她也想表现一下。

　　我把做蛋糕的配方打出来交给她，担心她有不认识的字，就跟她一起读了一遍。老二说："好了，没问题了，妈妈去睡吧，你一会儿等着吃就好了。"随后她便开始准备做蛋糕的材料，带着老三、老四把所有需要的材料从柜子里拿出来摆在餐桌上，然后按照配方开始操作起来。

老三、老四其实特别想参与，不停地问："南南，我可以帮忙吗？"老二会说："不用不用，你们等着吃就好了，我自己可以搞定。"

3个人就围在老二旁边，眼巴巴地看着她做。过了几分钟，我听到老三说："南南，我觉得你一个人一边倒面粉一边筛面粉，不好弄。我来帮你吧？你希望我帮你筛面粉呢，还是帮你倒呢？"老二想了想，觉得也挺有道理，就同意了："你帮我筛面粉吧。"老三如愿以偿地加入了。

我本来躺在客厅的沙发上闭目养神，马上要睡着了，却被老三这段话惊醒了！这孩子不但没有因为被拒绝而一走了之，还能在合适的时机提出参与的请求，居然还会给出选项。

要知道，我自己都是20多岁才在公司的培训中学到的这个技巧，一个6岁多的孩子就已经学会了！我被老三的沟通能力惊到了，睡意全无，于是掏出手机录下后面的过程。

又过了一会儿，看着老二往碗里倒油，倒牛奶，打鸡蛋……老四突然问："都倒完了，需不需要搅拌呢？"老二说："需要搅拌。"老四说："我来帮你好吗？"然后这个工作就变成她的了。老二又去做别的工作了。

小五一直在旁边观察，看看有没有自己能参与的工作。他看到老四这个工作好像自己可以做，就跟老四说："Nola，我可以搅拌吗？"老四点点头，把搅拌棒递给了他。

我真的被这四个小家伙惊到了，这也是所有的多子女家庭最期望看到的场景吧，孩子们没有因为被拒绝而彼此争吵，而是用良好的沟通技能来解决遇到的问题。

如果孩子们可以以这样的方式彼此陪伴，父母就省心了，等他们长大了进入工作的环境，我相信他们也会有非常好的成就。

有这样的沟通能力，平时一些小的冲突和矛盾，孩子们完全可以自己解决，不用没完没了地告状。你说，我和先生可以节省多少意志力？

第四，解决日常生活的场景：生活习惯

生活习惯指，3岁左右的时候，可以照顾自己的日常生活，并完成一些简单的家务劳动，可以遵守基本的家庭秩序。

日常生活，指孩子可以自己穿衣服、穿鞋、吃饭、接水、洗漱、整理被褥。

两岁的老四已能自己穿鞋、自己系鞋扣

家务劳动，指孩子可以将自己产生的垃圾丢入垃圾桶，可以把脏衣服扔进洗衣筐，可以帮忙分发碗筷……

从孩子会爬，我和先生就开始鼓励他们做力所能及的家务。我们的思路就是只要孩子能自己做的，愿意自己尝试的，我们绝不参与。几年下来，他们不但能够自己照顾自己，而且还可以帮我们分担很多很多家务。

记得有一次，老四、老五在屋子里玩藏猫猫，跑的声音很大。邻居找来了警察，所以我特别严肃地提醒了孩子们两次。第3次，我又听见连跑带闹的声音，一看是老四，只好把她叫进房间接受管教。

没过几分钟，老四没事了，来房间找我，开开心心地爬上了床，我抱着老四安慰她，摸着她的头发，跟她说话聊天，告诉她妈妈很爱她，给她唱《摇篮曲》。唱着唱着，看着怀里乖乖的、温柔的老四，我忍不住开始流眼泪，自责买房子的时候没有考虑到楼层高会影响邻居，因此经常被人投诉，孩子们听到的最多的话就是，慢慢走路、别跑、小声说话……

童年本来应该无忧无虑，跑跑跳跳、打打闹闹的，在城市的高楼大厦里，孩子们本该有的天性完全没有办法得到释放。对于被打扰的邻居，我们也是感到万分抱歉。

老四看到我眼泪流出来，就一直用小手帮我擦；

老五看见我哭，就问：妈妈怎么了？他也撇嘴要哭了；

老三过来小声说：妈妈，怎么了？我从来没见过你哭。然后帮我擦眼泪；

老二看了看，亲了我一下，跑去拿了纸巾给我；

老大过来看了看，问我怎么了？安慰我之后说："妈妈，你饿了吧？我去给你做饭吧，你等着。"

　　我想告诉她做什么，正准备下床，老大说："妈妈，没事，你不用来，我去冰箱看看就知道做什么了。"其实她之前只炒过鸡蛋，煮过饺子。

　　老大做饭的过程中，几个孩子轮番帮我拿纸巾，安慰我，陪着我。过了一会儿，孩子们陆陆续续出去看姐姐做饭了。

　　我还在难过的时候，突然听到老大"啊"地大叫了一声，赶紧跑过去，看到老大被油烫了一下，老二急忙帮她拿青草膏。老大很坚强地说："妈妈，没事的，你去躺会儿吧，我可以。"并且嘱咐我，一定不要出来，等饭好了再出来。我顺手给孩子们拍了照片。

当妈 10 年最感动的一天

　　差不多半小时后，老大进来，兴奋地让我闭上眼睛出来。我其实听到她们在外面嘀嘀咕咕，中途老四还差点告密，但是被姐姐叫出去了。

我拿着手机录像，闭着眼睛出来，睁眼睛的一瞬间，真的好感动，她们为我准备了华丽的宝座、精致的摆盘，还做了咖啡。老大写了一封信，老二画了一幅画，老三老四也分别准备了礼物，老三还在电话手表里找出了音乐《世上只有妈妈好》，她们之前都没有听过，不知道怎么找到的。

我忍不住再次落泪。虽然蛋炒饭和青菜都没有放盐，但是这是我吃过的最幸福美味的一餐。

以前不想结婚生子，因为经常看到熊孩子如何惹人烦。现在看到孩子暖心的一面，当妈的幸福，只有身在其中才能体会到。

也正是因为她们平时就积极地参与家务劳动，所以才有这样的能力给我准备如此意外的惊喜。对于多子女家庭来说，父母最需要突破的观念，就是要培养孩子的生活自理能力，让孩子们更多地参与家务。

也正因为孩子们有这样的自理能力，为我分担了很多的家务，节省了我很多的时间，同时也节省了我很多的意志力。

第五，解决出行的场景：安全习惯

安全习惯包括：家庭安全、出行安全、性安全。

家庭安全，指孩子待在家里不去危险的地方（厨房、卫生间、阳台），不碰危险的物品（刀、剪刀等），不做危险的行动（嘴里含着棒棒糖棍儿、牙签到处跑等）。

出行安全，指孩子乘坐汽车要坐安全座椅，走人行横道，不可以离开父母三米远，知道等红绿灯。

五宝家的日常出行

性安全，指孩子知道如何保护自己的隐私，受到侵害时可以及时跟父母反馈。

家是一个相对安全的地方，但是对3岁以下的孩子来说，也可能有隐藏的危险。孩子还是有可能面临意外事故，比如摔倒、烫伤、电击、宠物咬伤或溺水。尤其是小朋友刚刚学会爬时，父母如果一边照顾孩子，一边做家务、做饭……根本无法长时间目不转睛地盯着孩子，而且我们有好几个孩子，两个人也忙不过来。

所以，从孩子们很小的时候，我们就开始培养他们的安全习惯，以保证他们在没有我们的时候，也可以确保自己的人身安全。

小五是个很活泼的孩子，刚刚会爬的时候就在家里到处乱爬。平时还好，我可以保证他在安全的范围内爬。但我手里有其他事情要做时，例如准备午餐或晚餐时，就无法照顾他了。这时候多亏有姐姐们的帮忙。

每次小五爬到危险的地方，例如：卫生间门口、厨房门口、阳台、接近电源……都会被姐姐们抱回客厅安全的地方。

有时候她们也会互相提醒："上完厕所别忘了关门，小心小五爬进去……"

如果谁不小心把比较危险的物品放在小五能够到的地方，她们也会赶紧收起来。例如：剪刀、玻璃球……有了她们的关照，我就有时间和精力准备午餐和晚餐。

有几次，只有我和小五在家，因为担心他自己爬到危险的地方，所以我就一直看着他，连做饭的时间和精力都没有。也难怪有些朋友常常跟我抱怨，说自己一个人照顾两个孩子，有时候连饭都吃不上。如果家里有两个孩子，却都没有良好的安全意识，妈妈这一天下来还真是没有多少时间做其他的事情。

我家的小姐姐们能有这样的意识，跟我们从小培养她们必备的安全意识有关。外出的时候更是如此，带着5个孩子去商场或者景区，最担心的事情就是孩子被拐走，每次出去都是万分紧张，不断地提醒孩子们一些基本的安全常识。经过几年的操练，总算有了一些成果。

十一假期，奶奶带着老大（9岁）、老四（4岁零5个月）和老五（2岁半）去奥体公园玩儿，最初奶奶还比较担心自己一个人照看不好3个孩子。出门之后，她发现老大的安全意识比她更强，在整个过程中，老大不断地提醒老四和老五不要乱跑，要走人行横道，不要踩井盖，要紧跟着自己和奶奶……而且每当有陌生人接近老四老五的时候，她就会主动挡在中间，保护身后的妹妹和弟弟。

奶奶为9岁的老大能有这样的安全意识惊叹不已。"她在外面与在家里相比完全是不一样的表现。一出门，她马上就紧张起来，寸步不离地跟着老四和老五，真有大姐的样子。"

每次出门前，我们会在车里聊一聊在公共场所的注意事项。同时，我和先生还有老大、老二也要分工，每个人分别照顾老三、老四、老五，通常是先生带着老四，我带着老五，姐姐照顾着老三，老二会陪着我照顾老五。

所以，当奶奶带着他们出去的时候，老大有这样的表现，我们也不是很意外，因为平时出行她也是这样的。

第六，解决娱乐的场景：娱乐习惯

娱乐习惯是指从孩子一出生，就开始培养他们与成人的互动习惯，用适当的活动填满孩子们的空闲时间。

每个孩子在3岁前都可以做到：

每天固定大约20分钟的时间看视频（一些特殊的节假日除外）；

专注地玩儿某些玩具20～30分钟，玩完后可以自行归位。

通过适当的娱乐活动，可以促进孩子身体、智力的发展。毕竟在6岁以前，孩子们认知世界的主要方式是游戏。

当然，对于二胎和多子女的家庭来说，如何引导两个孩子一起游戏也是非常重要的。

尽最大可能发挥多子女家庭的优势，为不同年龄段的孩子提供合适的游戏和活动，给予孩子适当的资源，让他们在充分的人际互动中获得健康的发展。

游戏是孩子最主要的学习方式，这个观念已经被绝大部分的父母接受。所以，娱乐习惯会涉及很多与孩子早期教育相关的内容。

孩子们的娱乐习惯可以从1岁左右开始培养，动手的玩具可以随便玩儿，比如：积木、乐高、拼图……我们也会陪他们一起玩。孩子们再大一点儿，我们帮助他们制订一些游戏规则，让他们的娱乐活动可以顺利进行。每天20分钟的视频时间；每天晚上讲40分钟故事；周末看一场电影。随着年龄的增长，可以适当地延长他们的视频时间。

不依赖电子产品，最重要的还是榜样的作用。老大1岁以后，我们家就没交过有线电视费，除了春晚，平时很少看电视。我们真的不想让电视成为保姆，我们希望在互动中享受与孩子们的亲密关系。

每天睡前的故事时间

孩子们需要父母给予关爱，陪他们做游戏和聊天，也需要一个能够刺激他们去探索、行动、思考，有合理的界限，没有过度惩罚的环境，这样的环境才最有利于孩子的大脑发展。

陪伴孩子对我们这些独生子女来说，真的不太容易了。因为我们小的时候父母很少陪我们玩儿，虽然我们知道陪伴孩子是好的，也愿意去做，但在这个过程中实在很难体验到快乐的感觉。这可能还是需要一些时间的积累和沉淀，才能让我彻底地、由衷地享受这些东西。

在美国时，看到很多家长带着孩子疯玩，很亲密很享受的状态，我非常羡慕他们的那种状态。所以，我和先生这两年有一个家庭目标，就是能够真正地享受和孩子们在一起的时间。不是任务，不是义务，不是工作状态，而是真真切切地享受和每个宝贵的小生命在一起的亲密时光。

有些父母在陪伴孩子的过程中，总是干预过度，总想教孩子如何玩儿或者玩儿得有点儿意义，就是这样的心态，才会导致妈妈们在陪孩子娱乐上耗费了大量的时间和精力，其实这完全可以避免。

在我们家，如果孩子对某一项游戏或者玩具感兴趣，如果他没有提出要求或者表现出困惑的表情，即使没有按照玩具本身的规则完成，我们也不会过多参与，而只是在旁边观察，在他需要的时候提供帮助，在他完成时给他鼓励和认可。

孩子们都喜欢玩儿水，我们家的5个孩子也不例外。从两三岁开始，他们经常会在卫生间待上1个小时……我会时常进去看一眼，如果孩子没有提出帮助，在确保环境安全，不会出现危险的情况下，我基本不会干预或限制他们在里面的时间。

这不意味着没有规矩，他们如果想玩儿水，只可以在卫生间，玩完了要自己收拾好玩具和现场，如果需要帮助，可以求助。

在健身中心，只要孩子们愿意，练吊环、跳马、耍单双杠、四处疯跑……只要在安全范围内，我们都不会干预。但是如果在公交车和地铁上，孩子们玩起吊环，做其他影响他人的行为，我们当然要管。

对于多子女的家庭来说，最常见的一种情况就是抢玩具。如果这个玩具是属于其中一个人的私人玩具，另一方需要征得对方的同意才能玩儿，否则再哭也没用。如果是公共玩具，那么他们需要学会排队、轮流、等待……谁不遵守规则，谁就不能玩儿。

在什么地方做什么事情，外出时遵守公共秩序，集体游戏就要有规则，这就是规矩，也就是所谓的界限。中国的家长，尤其是老人，在该给孩子自由的时候给孩子太多的限制，尤其是在低龄期，普遍存在过度保护的现象：这个不能碰，那个不能摸；这个不能做，那个不能玩儿……在小区里，我们经常可以看到老人追着孩子说："别跑了，危险！""这个不能玩儿，很脏"……这些限制都会影响孩子们探索世界的兴趣，甚至会影响孩子们的身体发育。

如果孩子们所有的娱乐活动，都需要我们看着、陪着，我们还有什么意志力干别的事情？说到这里，不得不说，多子女家庭最大的益处就是孩子们可以彼此陪伴。如果能帮助他们养成好的娱乐习惯，我们会有更多的时间做自己的事情。

这6个核心习惯便是我们家在孩子0～3岁期间的养育重点。一旦这6个核心习惯养成，照顾孩子的日常生活的工作就会大大减少，我们才有精力关注更多重要的事情，才有余力做时间规划，才有多余的意志力去创业。

03 孩子的分歧，是意志力消耗的隐形杀手

多子女养育对当下的社会来说，存在着巨大的经验缺失，大家基本上都是在用独生子女的养育方式处理多子女的问题，其实这有非常多的隐患。我先提出一些核心原则，帮助大家解决当前面对的困境，帮助妈妈们获得更多的意志力。

我从来没给孩子们讲过孔融让梨的故事，也从不鼓励年龄大的孩子让着年龄小的，为什么？进入社会以后，成年人之间的互动会因为年龄大小而彼此谦让吗？很显然，不会！那我们为什么要让孩子这么做呢？

我们更看重的是福杯满溢，也就是自己的杯里装满，顺其自然地流出来即可。我们关注每一个孩子的需要，爱他们，照顾他们，他们自己心里装满了，自然而然就愿意照顾身边的人。也只有坚持这样的原则，才能让整个家庭产生良性的互动关系，作为父母，我们才会节省出更多的意志力去做别的事情。

根据这样的思路，在怀老二的时候，我们制订了以下的方案：

第一，整个孕育过程中，让老大参与其中。这个过程会帮助老大与弟弟妹妹最快地建立亲密关系。

第二，再辛苦也不能忽视老大的需求，不能让她感到因为老二的到来，她的生活有太大的变化，这样可以减少老大的敌意。

第三，老二出生前半年，关注点放在老大身上。因为刚出生的宝宝吃了睡，睡了吃，除了吃奶洗澡，没什么大事。我们不能因此而忽略了老大。

第四，老二出生之后，给老大颁发升级姐姐的证书并送上祝

福。提醒来看望老二的家人朋友，如果要带礼物，尽量是送给老大的。如果带两个孩子的礼物也没问题，进门之后，先祝贺老大荣升姐姐，然后再去看老二。

第五，生产之后，第一时间让老大看到妈妈，然后再看到小宝宝。不要让老大第一眼就看到妈妈抱着老二。如果医院不让小朋友进去，妈妈"失踪"了几天，回家后一定要让老大先看到妈妈进门，并且好好抱抱几天没见到妈妈的小朋友。老二可以让走在后面的家人抱进来。

知道怀老二的当天，回家我就跟老大说："小鱼儿，妈妈告诉你一个好消息，你要做姐姐啦！咱家又有新成员到来了。"

老大听了很高兴，接下来特别好奇地问："在哪儿呢？"

我摸着肚子回答她："在妈妈肚子里啊。"

老大："啊？她是怎么进到妈妈的肚子里去的呢？"

我拿出《怀孕圣典》这本书，一边指着书里的图片，一边讲："爸爸妈妈相爱结婚了，然后爸爸的精子和妈妈的卵子结合就有了小宝宝。现在小宝宝是这样的，5周的小宝宝是不是很像大虾米？12周的小宝宝已经能看出是一个小人儿了！你觉得神奇吗？是不是很可爱？你也是这样长大的！"

此后，我经常让她摸摸我的肚子，跟小宝宝说话："宝宝，欢迎你来我们家！我是姐姐小鱼儿，你听到我说话了吗？我在摸你呢，我给你唱个歌吧！"

后来，随着胎动越来越频繁，我也会让老大感受："小鱼儿，你快来摸摸，你猜南南是在踢腿呢，还是伸懒腰呢？她应该在跟我们打招呼呢！快来快来，现在应该是在打嗝儿，你摸摸看，好玩儿吧？"

每次老大都特别高兴地跟我一起感受这些变化，我能明显感觉到她喜欢我肚子里的妹妹。

我是在私立医院做产检的，做B超的时候很细致，也可以全家人一起在大电视上看宝宝，所以老大可以看到小宝宝成长的过程。每次做B超的时候，她都很兴奋。

平时的生活中，我和先生不会因为老二的到来，对老大的态度有什么变化。

每次老大需要抱的时候，我都会满足她的要求，但是会告诉她，妈妈要坐下来才可以抱她。这个举动很重要，既可以保护妈妈和胎儿的安全，同时还可以让老大心里有安全感，不会觉得因为小宝宝的到来，妈妈不抱她了，不爱她了。

我的孕期反应很大，过了3个月，每天还要吐个四五次，整个孕期都特别不舒服，但我还是尽力陪老大，尽量满足她的需要。老大也特别贴心，每次看我不舒服就会自己在旁边玩，或者躺在我身边。

我们经常会听到有人说："妈妈肚子里有宝宝了，别让妈妈抱了，我来抱你吧。"我一般都会拒绝。虽然是好心，但是老大可能会觉得妹妹的到来取代了她的位置。

在老二出生前，我们还陪着老大选了一个新的儿童床，告诉她：这是姐姐才有的特权。先生也带着她选了一个玩具，作为恭喜她成为姐姐的礼物。

老二出生前，我们算是做了充分的准备，也的确帮助孩子们建立了亲密的关系。所以，姐姐见到妹妹回家，特别地开心，这让我们特别感动。

但随着老二不断地长大，两岁以后有了自己独立的想法，开始和姐姐出现各种争执、矛盾……随着后面的孩子一个一个到来，慢慢地长大，我们要处理的分歧也越来越复杂。根据我们的经验，我为大家提供了一些比较实用的解决方案，如表2-1所示：

表2-1　矛盾点解决方案

矛盾点（父母的易怒点）	解决方案
为争抢同一款餐具而大吵	每个孩子挑一个自己喜欢的颜色和款式固定下来
	或者家里都是同一个颜色和款式的餐具
为食物分配而争吵	根据年龄的大小按需分配，负责分配的人最后选
抢别人的玩具，吵闹、大哭、告状	每个人都有自己的玩具（特殊节假日收到的礼物），玩别人的玩具之前要征得主人的同意，否则不可以玩
	如果，不遵守规则，哭闹耍赖，请去其他的房间安静
	自己的玩具自己负责保管，放在公共区域内的玩具视为愿意跟别人分享
为争抢同一款公共玩具而吵闹。还可能是都让妈妈抱抱……	排队，先玩儿的可以玩儿5分钟，后玩儿的可以玩儿7分钟
	哭闹耍赖，不遵守规则的，请去其他的房间安静
为看什么动画片而争吵	排队，轮流，每人负责一天，可以选择自己喜欢看的动画片，如果有人不喜欢，可以不看

孩子们3岁以后，如果有一些分歧和矛盾，只要不动手，我们都会鼓励他们去一个私密的空间，自己协商解决，我们基本不参与。

就算是介入其中，我也很少会评判他们的对错。只是问问事情发生的经过，每个人都要说一说，年纪小的先说。等他们说完了，安抚一下他们的情绪，然后让他们自己想办法解决。几年下来，效果非常明显，我们已经很少在这些事情上耗费精力了。

04 陪写作业，方法对了才有更多精力陪伴

从之前的内容中，大家可以知道我们其实跟大多数的父母一样，都经过痛苦的洗礼。老大尤其明显，从老二开始，我们才逐渐找到方法。

在陪写作业的过程中，孩子们最容易引发我们焦躁情绪的行为主要有两类：一类是怎么学也不会，或者刚教完转头就忘；另一类是写作业磨磨蹭蹭，没有效率。

首先，我们说说"学不会"这个问题。说实话，到了第3个孩子开始上学的时候，我们才终于摸索出了一些规律：刚刚开始校园生活的孩子，还没办法一下子适应这种转换，需要一段时间来磨合。实际上，没有上过幼小衔接班的孩子都会遇到这个问题，并不是我们的孩子有问题，只是每个孩子都需要一个适应的过程。我们需要调低我们的预期，孩子不可能学了就会，他们需要不断地重复练习，才能最终掌握在学校学到的知识。

这个时候着急也没有用，只能陪伴支持，如果这时候能表现出接纳和理解，孩子就能更加顺利地进入状态。我们越是表现得不理解或者焦虑，他们越会怀疑自己是不是不对劲儿，磨合的时间反而会更长。

在学习的过程中，我们可以引导一些学习的思路，而不是只

强调对错。太过强调单次的成绩或者排名，对于培养孩子的独立思考能力并没什么益处。

通常孩子在经过一年的磨合期后，大多能够适应常规的学习生活，一年级孩子的家长真的可以放宽心，孩子的适应力是很强的，一个在0~6岁各方面发展都正常的孩子，不至于一上学就成了"有问题的孩子"，只是因为生活内容发生了巨大的变化，看起来孩子的情绪是有些波动，新的环境、新的伙伴、新的作息、每天接受新的知识……这确实会带来压力。

我们能做的就是陪着他们一遍又一遍地练习，拼拼音，读英文字母，每天都是如此，先生每天都会拿出一个小时的时间，陪着她们读这些内容，先是读字母，然后再拼读……这个过程对于成年人来说可能几遍就会了，但对于这个阶段的孩子们来说，可能他们学了几十遍、上百遍都不会。所以，我们的期待是6个月以后可以独立拼读，老二、老三都是到了一年级下学期的时候，才完全适应了学业进度。

虽然说不上是名列前茅，但至少是可以跟得上班级的进度，要知道，这对我们这样的多子女家庭来说，在没有课外补习班的情况下，已经非常不容易了。

接下来，就是写作业拖拉，没有效率。还是那句话，孩子们还没从幼儿园那种自由自在的生活中转变过来，需要时间适应。当然，我们还是有很多事情可以做。通过3个孩子的积累，我们认为，最有效的方式，就是让她自己规划时间。

例如：老三1年级的时候，日常安排如下：

6:25 起床，换衣服

6:40 早饭（每周三早上，老三负责准备全家的早餐，通常是热狗或者花生酱面包片，牛奶＋麦片）

7:10 刷牙洗脸

7:25 出门上学

15:30 到家，吃水果，休息玩耍，写一两项可以独立完成的作业

17:00 老四老五回家换好衣服，3个人开始看40分钟动画片

17:50 关电视，洗手准备吃饭

18:00 晚餐（周三和周五负责擦桌子，拿餐具）

18:30 听英语故事

18:50 刷牙洗脸休息

19:00 爸爸陪着写作业

19:40 自由活动（周三负责收餐具）

20:10 和爸爸妈妈玩桌游／画画／看书

21:00 睡觉

下午15:30后，除了固定的晚餐时间，她可以自己选择安排什么时候看动画片，什么时候写作业，什么时候玩桌游……

有了计划以后，其实孩子们还是会忘，这时我们就应该问他们："你这会儿应该做什么？""你的作业，有什么不会的地方吗？需要什么帮助吗？"……当我们问到这些问题的时候，她们自然就会想到现在该做什么了，这比我们追在屁股后面提醒有效得多。

再有，写作业的时候如果磨蹭，我们也不会一直提醒，如果写得太慢，后面的娱乐时间就没有了，到了9点就必须去睡觉。我们在中间可能会提醒一次："看看现在几点了？你还剩多少时间

写作业呀？"

如果在一周时间里她都能按照计划完成，那在周末家庭会议的时候，我们会奖励她从许愿瓶里抽一个奖励——许愿瓶里是孩子们写的各种各样想做的事情，例如：跟爸爸妈妈睡，吃巧克力，看一场电影，少做一天家务……

如此练习，老三现在已经升2年级了，摆脱了1年级所有事都要陪的阶段，90%的作业都可以自己独立完成，只有听写需要帮忙，连录像打卡也都能自己搞定了。

小结 & 本章实用表格

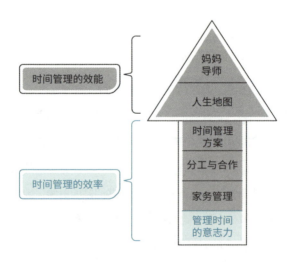

在本章，我从生活习惯、多子女养育与孩子之间的分歧以及陪写作业这3个最常见的消耗意志力的地方，介绍了管理意志力

的基本方法和理念，并总结出了一些方法。希望我提供的这些方法，可以帮助妈妈们节省意志力，如图2-1所示。

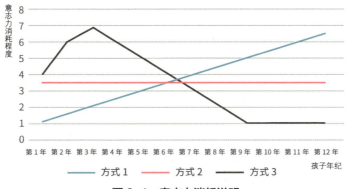

图2-1 意志力消耗说明

方式1：在孩子年龄小的时候，几乎什么都不管，让孩子自由发展，对于父母来说可能相对比较轻松，但是随着孩子年龄的不断增长，父母对孩子的要求会越来越高，与孩子们之间的冲突、矛盾也越来越多，意志力的消耗也会越来越多。

方式2：从孩子出生开始，对每一个生活的细节都非常细致，无论是吃喝拉撒还是兴趣爱好，又或者是学业功课，几乎从不缺席。直到18岁甚至工作以后还在以同样的方式照顾孩子的饮食起居。这样的养育方式需要持续的付出意志力，几乎没有变化。

方式3：从孩子出生开始，我们需要投入很多的意志力，去培养孩子们的生活习惯、自理能力和学习习惯，随着孩子的能力不断增强，我们参与的程度越来越低，投入的意志力也越来越少。

以陪写作业这件事儿为例：

方式1的家长，平时几乎没有时间或者不愿意陪着孩子写作业，孩子的作业不是完不成，就是完成的质量很低，几年下来，考试成绩一直不好。这时才开始着急，投入很多时间陪孩子提高成绩。

方式2的家长，从孩子开始上学，就会认认真真地陪孩子写作业，孩子上初高中也是如此，甚至为了孩子有好的学习环境和氛围，自己都不看电视。

方式3的家长，从孩子开始上学后，会跟孩子一起制订学习计划、时间规划，培养他们按计划完成功课的习惯。虽然开始的时候会比较吃力，既需要陪着做计划，又要陪着写作业，但一旦孩子适应了这样的方式，后续他们就可以自己制订时间规划和学习计划，家长只要从旁提醒或者监督就可以了。

从个人的经验来看，我更提倡姐妹们采用第3种养育的方式，尤其是想生两三个孩子的，虽然前期可能会累一些，但后面会逐渐轻松很多。也正因为如此，我和姜先生才敢生5个孩子。

希望这些方法和理念可以为姐妹们的生命火箭带来强大的动力，让姐妹们有能力按照自己规划的人生地图前行。

本章实用表格

在第二章意志力的部分，我们提到了3个非常容易让父母焦躁的关键时刻：作息习惯、同辈分歧以及陪写作业。

6个月以下的孩子，在调整作息习惯之前，我们要先记录他们已有的规律，再根据记录的时间逐渐微调，最终实现我们的目标。

睡眠、辅食记录表（如表2-2所示）

道具：制作一些小印章（入睡、辅食、吃奶、玩耍……），方便妈妈记录。

表 2-2 睡眠、辅食记录表

时间	星期一 ( )	星期二 ( )	星期三 ( )	星期四 ( )	星期五 ( )	星期六 ( )	星期日 ( )
6:00							
6:30							
7:00							
7:30							
8:00							
8:30							
9:00							
9:30							
10:00							
10:30							
11:00							
11:30							
12:00							
12:30							
13:00							
13:30							
14:00							
14:30							
15:00							
15:30							
16:00							
16:30							
17:00							
17:30							
18:00							
18:30							
19:00							
19:30							
20:00							
20:30							
21:00							
21:30							
22:00							
22:30							
23:00							
0:00							
0:30							
1:00							
1:30							
2:00							
2:30							
3:00							
3:30							
4:00							
4:30							
5:00							
5:30							
6:00							

解决常见的易怒点（如表2-3所示）

记录下来，什么事情又让我们发怒了，试着给这次的愤怒评个分，随后尽可能地回忆一下整个过程，再分析产生矛盾的原因，最后根据原因制订相应的解决方案。

表 2-3　易怒点分析

矛盾点 （父母的易怒点）	解决方案	分析原因	解决方案 （规则）
为争抢同一款餐具而大吵的时候 怒气指数 ★★★★★	今天吃饭前，老二和老三因为都要使用同一款餐具争吵起来 我特别生气，忍不了了，大吼着，请他们去卫生间安静	也许真的都喜欢这个颜色或者老三就是想跟老二争一争 从我的角度看，也许白天事多，晚上累了，没有耐心了	每个孩子挑一个自己喜欢的颜色和款式固定下来 或者家里都是同一个颜色和款式的餐具
怒气指数 ☆☆☆☆☆			
怒气指数 ☆☆☆☆☆			
怒气指数 ☆☆☆☆☆			
怒气指数 ☆☆☆☆☆			

试行几次后，还需要再回顾一下，我们的解决方案是不是真的可以安抚我们的情绪，解决孩子们所遇到的问题。如果效果欠佳，还需要继续分析、讨论，直到解决为止。

在教养孩子的过程中，与其禁止他做某些事情，不如直接告诉他应该做什么；在处理分歧的时候，一定要以规则为基础，不能只靠讲道理，尤其是对3岁以下的孩子。

任务规划表（如表2-4所示）

表2-4 任务规划表

名字：_____ 时间：_____

项目	星期一	星期二	星期三	星期四	星期五	星期六	希望得到的奖励
8点之前完成学校的作业							
练琴30分钟 曲子：							
英文阅读30分钟 书名：							
课外阅读30分钟 书名：							
家务	洗碗机	拿餐具	擦桌子	洗烘衣服	吸地	房间	

　　道具：制作一些小花、小星星的印章，方便孩子自己记录。每天打卡，完成后可以得到一个小礼物：冰激凌、棒棒糖、抽奖一次……

　　利用及时反馈原理，帮助孩子们养成自主完成任务的习惯，如果你的孩子从小就很容易得到想要的东西，那么这部分操作起来会有难度，奖励的作用并不一定很大。

第三章

妈妈的时间管理，
更多是选择性放弃

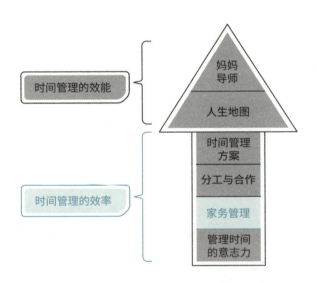

　　如果采访全职妈妈一个问题："你在哪些地方花费的时间最多？"除非家里有保姆，有老人，否则像我这种自己带孩子的妈妈，绝大部分妈妈的答案都是"家务"。如果你认真填写了本章中提到的时间流向记录表，从这张表里就可以直观地得出，全职妈妈的大部分时间都用在了家务上。

如果你是一个多子女的妈妈，肯定会更有感受，随着孩子年龄的增长，需求呈倍数增加，想一想，5个孩子每天吃喝拉撒……有多少衣服要洗？多少玩具要收拾？有多少作业要写？按照这个逻辑，我们简单分析一下，中国的妈妈为什么会这么累？

对于0～3岁的孩子，我们每天都要操心他们的吃喝拉撒，安排他们所有的生活，规划早教；等他们3岁以后上幼儿园了，除了之前的吃喝拉撒要操心以外，又增加了每天接送，培养社交习惯以及业余爱好的工作；6岁以后，开始上小学了，除了上述内容以外，又增加了学习习惯，每天要督促他们写作业，上补习班，应付学校给家长布置的作业；上初中以后，又多了早恋、性教育问题以及中考、高考；上了大学，又增加了考研，找工作等需要我们操心的事儿……这层层累加的事务最终会占满我们生活的全部时间。

中国父母有多辛苦，如表3-1所示。

表3-1　孩子不同年龄段事务一览

孩子的年纪	父母操心的主要事务					
0~1岁	衣食住行					
1~3岁	衣食住行	早教				
3~6岁	衣食住行	业余爱好	接送	社交习惯		
6~12岁	衣食住行	业余爱好	接送	社交习惯	学习习惯	

孩子的年纪	父母操心的主要事务					
12~18岁	衣食住行	业余爱好	社交习惯	学习习惯	早恋（性教育）	高考
18~22岁	衣食住行	社交习惯	学习习惯	找对象	找工作	
22岁以后	衣食住行	考研	找工作	找对象	买房子	

你觉得很夸张吗？想想我们身边，有多少妈妈在孩子上初中、大学甚至工作以后，还是为孩子吃什么、穿什么而操心？有多少家长陪着孩子一起去国外读书？就为了孩子们有适口的饭菜……有这么多的事情要操心，能不累吗？说中国妈妈是全世界最辛苦的妈妈，这一点儿也不过分。

如果都按照这个标准来养育，别说是5个孩子，就是2个孩子我都无法照料。而且还得4个老人齐上阵，外加一个保姆。如果我们按照这种传统的养育方式，也就意味着，我们的后半生时间几乎都要为孩子而努力奔波了。这真的是我们想要的生活吗？其实不然，我们还有其他的选择。

从上面的这些描述来看，如果我们要想改善时间使用的效率，节省出更多的时间，做一些跟我们的使命价值有关系的事情，首先要从提高管理家庭事务开始。我们需要建立一套新的思维方式来管理家庭事务，可以从以下4个内容做起：1.放下完美；2.鼓励孩子参与家务；3.授权；4.提前规划（四象限法则）。

01 处理多重任务，完美是最大的谎言

其实，追求完美是一个巨大的时间陷阱，我们都希望给孩子最好的生活、最好的教育，不能让他输在起跑线上，可是这样的信念压得我们喘不过气来，消耗了我们大部分时间和精力。

老大刚刚出生的时候，我比较放松，也给了先生很多鼓励，让他参与孩子的抚养，喂奶、洗澡、做操……然而，随着老大越来越大，家里的气氛越来越紧张，虽然我没有说什么过分的话，但是有很多行为会让家人感受到不舒服。例如：奶瓶刷了还不行，热水烫了也不行，必须要在消毒锅里消毒；勺子掉到地上了，擦或者洗都不行，必须用水煮一下；摸孩子之前必须要用洗手液洗手；孩子的手绝对不可以摸，因为她会吃手……

从先生的表情中，我可以读出这样的想法：有必要吗？！我小时候也没有这样，不照样长得挺好的！直到老二出生，我们在新生儿这方面的焦虑才缓解了很多。不过，又出现了新的状况。

老大3岁多时，开始有更多的时间与其他小朋友接触，自然会学别人说话。我又开始焦虑了：怎么办啊？和别的小朋友玩了半天，就会说不太好的话了，我这3年都白教啦？以后让她少出去吧，省得受别人的影响。现在有好多丢孩子的新闻，外出的时候，万一先生看不住，会不会被别人抱走？书上建议不要喝牛奶，奶源可能不是很好，牛奶、酸奶一口都不可以喝……该上幼儿园了，到底该选择什么教育方式？在家教育？公立学校？私立学校？基督教学校？又是一番纠结和焦虑。

缓解我的这些焦虑，是先生家庭工作中的主要任务，直到现在也是。先生经常说："能让别人做的家务就让别人做，能让机器做的就让机器做，我们要腾出时间，做最重要的事情，做别人无法代替的事情。至于穿什么颜色的衣服，房间是不是一尘不染，吃的是不是丰富，其实没有那么重要。"

　　什么是重要的事情，当然是跟我们的家庭愿景有关的事情：我们想要的家庭是什么样的？我们希望孩子18岁的时候成为什么样的人？哪种选择有利于他们成为这样的人？我们需要做些什么？谁能帮助我们？

　　大部分的妈妈其实都是如此，想给孩子创造一个完美的成长环境，要求自己任何错误也不能犯，一定要给孩子最好的环境、最好的影响、最好的教育……我是比较爱学习、比较认真的妈妈。从怀孕开始，就看了很多育儿书籍，听了很多育儿专家的建议，发现每种方法都有各自的优点，也有各自的缺陷。最初的时候，我特别希望将所有的育儿理论汇集成一个完美的方案，保留所有有益的部分，规避所有负面的部分，然后在自己的家里执行。

　　这看起来是一种非常完美的计划，集各家之所长为我所用。但很可惜，这是非常难做到的，也许还需要付出十分惨重的代价。首先，完美本身就是一个巨大的谎言。作为一个普通人，我们本身就不是十全十美的，又怎么可能要求自己的眼界、思想、行为是完美的呢？只要不是完美的行为，势必就会有疏忽，造成一些意想不到的负面结果。又何来的完美解决方案呢？就算真的有完美方案，执行的人不完美，这个方案也会不完美。

作为一个普通的妈妈，我们肯定不是十全十美的，我们在照顾孩子的过程中，一定会出现这样或者那样的不足，会给孩子带来一些负面的影响，这是很正常的事情。最好的方式就是接受自己的不完美，承认自己的不完美。

可能你会说：我能不能趋近于完美呢？这当然是可以的，只是我们需要付出惊人的成本或者代价。自己的压力越来越大，家庭成员一定会受到影响。

举个例子，一辆价值20万元的汽车，它的安全性可以达到一个世界公认的平均标准。但是，你说：不行，一定要最安全。也可以，或许只有坦克符合你的要求。你要付出的成本，从20万元一下子变成了200万元甚至更高。出行是安全了，但是开坦克上路真的方便吗？你其他方面的生活水准，必然也会受到影响。

我认识一位妈妈，她每天早上不到6点就起来，用1个多小时的时间为孩子准备早餐，4菜1汤，带两种主食，晚餐则更加丰富。穿衣服也是如此，她觉得洗衣机洗不干净，必须手洗，然后自然晾干，再熨烫平整，最后叠得整整齐齐的放入衣柜里；房间更是要一尘不染，每天打扫、吸尘、紫外线消毒，周末更是要全家总动员来收拾房间……按照这样的标准，妈妈肯定要从早忙到晚，一个人根本忙不过来，还得有阿姨、老人从旁协助。

要给孩子创造一个接近完美的环境，势必要付出更多的时间、精力去学习、实践。越接近完美，成本越高，有可能还是成倍增加的。在孩子的生活环境上，我们有了接近完美的成果，那在其他方面呢？在他们的教育上，我们又要花费多少时间？是不是需要更多？但孩子们真的需要这样吗？

别忘了，除了妈妈这个角色，我们还有其他的角色呢。有没有时间让自己得到休息、学习、进修？有没有时间跟丈夫在一起沟通、约会？有没有时间发展自己的事业？有没有精力和闺密一起喝茶聊天？我们的生活不能也不应该全部都是孩子吧。

对于一个家庭来说，没有完美的养育方案，只有合理的养育方案。这个方案可以让每一个家庭成员受益，让大家都能保持快乐的心情，都有自己独立的空间，都有休息的时间，都有要承担的责任和义务，都有要付出的努力。

我们更不能要求孩子们任何事情做得完美，成长都需要一个过程，每个孩子的个性不同，每个人擅长的事情也不一样，我们需要放下完美的要求，给予他们多多的鼓励，他们才愿意参与更多的家庭事务，承担他们应尽的责任。

02 别忘了你有一支军队，
从老母亲到指挥官的角色转变

作为80后的我们跟我们的父辈相比，在家里很少参与家务劳动，尤其是生长在城里的孩子。一方面，中国的父母和老人因为自己小时候干活太多，觉得很辛苦，所以舍不得让孩子干一点儿活，觉得孩子只要好好读书，家务活甚至吃饭、穿衣这些最基本的自理都可以不用上手。

另一方面，不知道是不是受中国传统文化的影响，在很多父母的头脑中，尤其是老人的观念中，体力劳动都是不重要的。以后考上大学，找了好工作，有了钱可以花钱雇人做……

还有一些父母发现，孩子做家务做不好不说，还会越帮越忙，自己还得跟在后面擦屁股，与其这么麻烦，还不如自己做，这样效率更高。

有一些父母，尤其是母亲，因为夫妻关系比较差，把自己的希望都寄托于孩子身上，把孩子的日常生活照顾得无微不至，希望从孩子那里得到满足感、存在感，久而久之，孩子对父母的这种照顾产生了依赖感，自己生活的能力越来越差。结果很多中国的孩子丧失了生活自理能力，所以才会有如此多的陪读现象。

父母总是怕孩子累，去承担本属于孩子的责任，剥夺了孩子培养良好品格和发展自我能力的机会。要知道，父母不可能一辈子都帮孩子干这干那。

很多孩子其实并不懒，他们从两三岁开始就非常愿意帮忙，只要看着父母在厨房和餐厅忙里忙外，孩子都会围过来希望帮忙。有些小孩子看父母干活，自己也想干，可是家长往往会把孩子撵到一边，"去去去，别添乱"。要么就说："你只要好好学习就可以了，什么活也不用你干。"于是，孩子干活的积极性被渐渐打消了。

《现代教育报》曾经刊登过一篇"中国的孩子为何不愿意做家务"的文章，文章中提到了一项关于小学生做家务时间的调查，调查显示，美国孩子每天家务劳动的时间为1.2小时，韩国孩子是0.7小时，英国和法国的孩子可以达到0.5小时到0.6小时，而中国孩子却不足0.2小时。

国家统计局黑龙江调查总队曾对全省一万余户家庭进行过相

关调查，结果显示，城镇居民家庭的子女基本不做家务，经常做家务的孩子仅占5.4%。调查报告指出，父母们的这种大包大揽的做法，不仅抑制了孩子的创造和参与精神，还滋长了他们的依赖心理，限制了其独立意识的觉醒，使孩子缺乏责任感，也缺乏抗挫折能力。

这些品质往往会在他们未来的家庭生活和工作当中起到非常大的作用，而孩子们在小的时候却没有机会得到锻炼。可以说，这是中国家庭教育最失败的地方。

美国密西西比大学的马蒂·罗斯曼教授（Marty Rossman）从1967年开始，用了25年的时间收集数据，以研究孩子从3岁或4岁开始做家务，与其20岁左右取得的成就之间的关系。

研究结果指出，那些经常参与家务劳动的孩子，不但可以为家人做出贡献，还能获得同情心。那些从小就做家务的孩子，长大后会有更好的适应能力，更容易与朋友和家人建立良好的关系，在事业上取得成就的概率也相对更大。

哈佛大学也进行过长达40年的主题研究——家务与心理健康以及事业成功的关系。

学者从1940年开始长期跟踪465位在波士顿市区的青少年。并分别在20年、30年、40年的时间段做了调查访问。比较他们的心理状态和童年活动的直接关系。（童年活动包括：打零工，做家务，课外活动，学校的成绩，和解决问题的能力等。）最终得出的结论是：

小时候帮忙做家务的孩子，长大后有良好人际关系的概率更大，离婚率也更低，心理健康，工作薪资比另一组不喜欢做家务的孩子高5倍，失业率则低16倍。

小时候不帮忙做家务的孩子，长大后，许多人会因犯罪而被逮捕，精神病患也比另一组人多10倍。

北京大学危机干预中心的徐凯文老师提出了空心病的概念，他发现，北大有30%的学生有空心病。主要表现为缺乏价值观，不知道自己想要什么，不知道自己为什么活。造成这种情况的核心原因就是孩子们在家中好像除了学习以外什么事情都不用做，十几年中，他们除了高考这个目标以外，几乎一无是处。考上大学以后，目标实现了，满足了父母的心愿，自己却迷失了。

如果有兴趣，你也可以查一下，这方面的研究数据还有很多。由此可见，参与家务劳动，不仅仅是干点儿活而已，它对孩子的基础素质也有很大的促进作用，对孩子的未来有着深远的影响。

所以，只要是他愿意做的，就给他机会做。要知道，做家务是练出来的，多鼓励，多做几次就做好了，很多孩子的心理疾病都是闲出来的。

当然，要想培养孩子的生活自理能力，通过参与家务来培养是一个漫长的过程，其中很多能力都需要反复练习才能掌握，需要我们付出持久的耐心。

我们培养孩子们的生活自理习惯是按照以下六个阶段来操作的。当然，无论多大年纪的孩子，学习新的技能或者完成新任务都需要经历这样的几个阶段：

第一阶段：父母示范，孩子在旁边观察。同时父母要讲解其中一些比较复杂的步骤。

第二阶段：父母做，孩子参与部分工作。从简单的开始，让孩子先有一些成就感。

第三阶段：鼓励孩子自己操作，父母在旁边观察。遇到困难的时候，及时地给予一些指导。

第四阶段：练习几次后，孩子可以自己完成了，父母就不用再跟着看了，做完检查一下就好。

第五阶段：孩子自己做，父母不定期检查。值得注意的是，有时候孩子们因为心情不好，不愿意做，这时候需要在他们完成后给予一定的安抚。

第六阶段：一般半年以后，孩子会主动做这些家务，有些时候做得比父母还好。越大的孩子越明显。

从简单的扔垃圾和归类脏衣服到复杂的刷牙，收拾玩具，我们基本上都会按照上面的这几个阶段来操作，帮助孩子们养成良好的生活自理习惯。举几个例子：

扔垃圾和归类脏衣服：

当孩子们爬行得很顺畅时（10个月左右），每次换下来的纸尿裤（当然只有小便的那种），我们都会让他自己扔到垃圾桶里。

最初几次，我们会陪着他一起，告诉他怎么走，以及哪个是垃圾桶。很快，孩子们就可以自己扔了。其他的生活垃圾也是如此，例如：糖纸、橘子皮、零食包装……2岁以后，他们就会养成这样的习惯，自己把这些垃圾扔到垃圾桶里。当然，有时候也需要我们提醒一下："请送这些垃圾回家好吗？"

与扔垃圾类似，我们也会让他自己把换下来的衣服分类放到洗衣筐里。这同样需要我们告诉他，外衣放在哪个筐里，袜子放在哪个筐里。操作一段时间后，他们就可以自己完成了。

做家务的孩子们

收玩具：

有经验的父母都知道，孩子一岁多的时候，特别喜欢把书从书架上抽出来，或者把抽屉里的物品掏出来，扔得到处都是，这让很多父母非常头疼，每天跟着收拾，甚是辛苦。

有的家长会选择及时制止孩子们的这些行为，一看到他们要开始掏东西，就把他们抱离书架或者抽屉。还有一些家长会用比较严厉的管教方式，来尝试阻止孩子们的这些行为。或者干脆换一批家具，不给孩子们掏东西的机会。其实还有更好的方式，就是陪着他们一起善后。

在我家，当孩子们开始出现这样的行为后，我们不会制止这些行为，而是等他们掏完后，跟他们一起收拾这些被掏出来的玩具、书籍和其他物品。

一岁多的老五归位自己扔下来的书

　　他们一遍又一遍地掏，我们就陪着他们一遍又一遍地收拾，这样的行为可以持续半年的时间。半年后，他们这方面的欲望就被满足了，也就不掏了，就算掏出来，当提醒他们收回去时，孩子就知道怎么做了。通过这半年的训练，他们完全有能力把这些东西收回原来的地方。

　　等到他们3岁左右的时候，他们也会有能力收拾好自己的玩具，再给他们分配卫生区域的时候就很容易操作了。

　　刷牙：

　　1岁左右的时候，我会先用饮用水教孩子漱口，等会吐漱口水了，才开始正式使用牙刷。最初，我只用清水刷牙，一边刷，一边唱刷牙歌，孩子很喜欢听着歌谣刷牙，整个过程中，还要提醒他们把水吐出去。

　　三个月后，开始使用儿童牙膏，并且提醒他们把牙膏吐出去。

　　持续半年后，在孩子们2岁左右的时候，他开始愿意自己动手尝试刷牙，可以在每次刷完后，让他自己试一试，你会发现，绝大部分的孩子都是在嘴里乱刷一通。如果孩子拒绝刷牙，可以问问孩子：你先刷完妈妈帮你刷，还是妈妈帮你刷完你再自己刷？

再过半年，他们便能逐渐掌握刷牙的技巧，这时候就可以让他们自己刷牙，我们在旁边协助他们。

3岁左右的时候，他们就能够完全掌握刷牙的能力，我们基本不用再管了，时不时地提醒一下饭后去刷牙就好。

这个过程中，有两个地方其实会有一些困扰，一个是他们经常借着洗漱的机会玩水，弄得到处都是，也可能会浪费很多的洗手液、洗发水、沐浴露来制造泡泡。

孩子总是会想出一些办法挤出更多的牙膏来玩。我家后来换成按压式的牙膏好了很多，每次挤出来的很少，确实比较省牙膏。

根据我们的经验，2岁多的孩子至少可以承担以下的家务（老五的年纪）：

○ 将玩完的玩具和看完的书籍放回原来的地方（玩具箱，壁橱，书架）

○ 将脏衣服放入洗衣筐里

○ 在父母的陪同下，将衣服移到烘干机里

○ 折叠小件洗衣物品

○ 把餐具送到洗碗池，最好使用塑料的餐具，防止拿不稳掉到地上

○ 穿衣服、脱衣服、穿鞋、脱鞋

○ 饭前饭后自己洗手

○ 自己穿拉拉裤和裤子

○ 拉睡袋拉锁

○ 脱睡袋

○ 脱外套

○ 自己上下餐椅和汽车

○ 自己上安全座椅坐好

○ 帮忙开关电动车门、放倒地锁

○ 帮忙拿小的袋子

○ 帮忙叫姐姐吃饭或回家

○ 自己关电视

○ 辅助做咖啡（胶囊咖啡）、倒牛奶

○ 拿碗筷

○ 开关窗帘

○ 有客人来，从里面开门

○ 给小BB喂奶瓶

4岁以后（老四的年纪）：

○ 清理自己的床铺

○ 喂养宠物（我们家的小鸟、鱼都是孩子们来喂和照顾）

○ 分发、收拾餐具

○ 准备简单的零食或者水果

○ 使用吸尘器清理地毯

○ 用清洁剂擦拭家具

○ 分拣和折叠衣服

○ 自己穿脱所有衣物

○ 自己刷牙、洗脸、洗澡（除了头发）

○ 自己搭配衣服

○ 洗菜和水果

○ 准备加餐

- ○ 擦桌子
- ○ 锁/开地锁
- ○ 照顾弟弟妹妹
- ○ 铺平被子
- ○ 使用洗衣机
- ○ 使用烘干机
- ○ 帮忙做蛋糕
- ○ 包饺子
- ○ 磨咖啡豆
- ○ 削各种果皮、蔬菜皮
- ○ 在父母的协助下，把餐具放进洗碗机

6岁以后（老三的年纪）：

- ○ 淋浴
- ○ 准备第二天的衣服
- ○ 从烘干机里收起自己的衣物
- ○ 扫地，使用吸尘器
- ○ 使用烤面包机或微波炉准备基本餐点和小吃
- ○ 清扫家具
- ○ 带弟妹上下楼
- ○ 把弟弟从婴儿床里抱出来
- ○ 推婴儿推车
- ○ 自己洗头洗澡
- ○ 用钥匙开门
- ○ 煮饺子、熬粥（电饭锅）

- 使用微波炉
- 分类整理餐具
- 拆包裹

姐妹合作放牛奶

8岁以后（老二的年纪）：

- 叠衣服、毛巾
- 完全独立收放餐具进洗碗机
- 会垃圾分类投放
- 拖地板
- 清洁淋浴 / 浴缸，以及厕所

○ 准备全家的简易早餐。例如：三明治、热狗、馄饨

○ 帮助家庭餐的基本膳食准备（剁碎，混合等）

○ 准备餐桌、摆台

○ 收自己和弟弟的衣服

○ 使用热水壶

○ 整理衣柜

○ 整理书架

○ 去超市买菜（独立）

○ 烤蛋糕、饼干

10岁以后（老大的年纪）：

○ 使用洗衣机、烘干机，收拾洗完的衣服，完全不需要父母的参与和提醒

○ 更换床单

○ 监督年幼的兄弟姐妹

○ 使用烤箱、炉灶

○ 清洁厨房、浴室

○ 炒简单的菜

○ 整理自己的床、桌子、书架

○ 自己上学/放学

○ 打扫院子/落叶

○ 浇树/浇花

○ 自己去图书馆借书/还书

○ 自己坐地铁去同学家

○ 帮忙照顾爸爸妈妈朋友的小宝宝

收洗碗机的弟弟和做饭的姐姐

当我们完成这些清单的时候，突然意识到，孩子们不仅可以自己照顾自己，还可以帮我们承担许多家务。所以在孩子们做家务后，我和先生也会经常向她们表达感谢。

我们不赞同将零花钱直接绑定在孩子的家务上。对于他们来说，他们的劳动对整个家庭尤其是对父母有很大的帮助是很重要的，他们会意识到自己的重要性，而不是只为赚钱而做的活动。零用钱可以给，但不要用它作为做家务的报酬。我们不希望他们是受金钱的驱使才做家务活的。

他们是家庭的成员，既要分担家务，又要分享家里的财务（18岁之前），这是他们的义务和权力。

如果刚开始在家里鼓励孩子们参与家务并不顺利，也很正常，特别是刚开始的时候。家务基本上没有什么乐趣，孩子们可能会不愿意参与。如果家里有老人，更是舍不得。但是，不要放弃！这样的方式对所有成员都有好处，我们没有办法给孩子们当一辈子的保姆，不是吗？

家应该是相互支持和彼此团结的环境，当每个人都参与家务时，所有成员都会越来越亲密，尤其是孩子之间。周末的时候，放上一些音乐，和孩子们一起收拾房间，你会惊讶地发现，家里的气氛会越来越好，彼此的关系也会越来越亲密。

爱的传递

03 该授权的时候要放手，让孩子自己承担起责任

中国父母常说一句话："在我眼里，你永远是个孩子。"其实我不太喜欢这句话，永远是个孩子也就意味着，我们永远都长不大？永远都不成熟？无法照顾好自己？至少在一部分家长眼里就是这样的。抱着这样的心态，父母肯定是能帮忙就帮忙，能多做就多做。这就有了我们本章开始时描述的沉重的负担。

用正向的描述，就是父母对孩子持续性的关爱，恒久不变；通俗地说就是不善变通，不能根据孩子的成长调整相处方式。

之前我们提到过爱利克·埃里克森的人格发展理论，我们也是参考这个理论形成的以下两个重要理念：第一，不同年龄段的孩子有不同的需求，我们的角色也会发生变化，教养的方式也应有所改变。第二，随着孩子们不断地成长，我们要培养他们相应的能力，然后尽量放手让他们自己去做，如果做不好，他们就需要承担相应后果。

婴儿期（0 ~ 1.5岁）：基本信任和不信任的心理冲突，是建立安全感的重要时期。

儿童期（1.5 ~ 3岁）：自主与害羞（或怀疑）的冲突，是培养基本生活习惯和人际边界的重要时期；我们的角色更像是老师，细致地教导他们如何养成主要的生活习惯，包括：睡眠、饮食、沟通、生活自理、安全、娱乐等六个核心习惯。

学龄初期（3 ~ 6岁）：主动对内疚的冲突，是孩子形成主动性，为他将来成为一个有责任感、有创造力的人奠定基础的时期。通过上一个阶段的培养，他们的基本生活习惯已经养成了，我们逐渐开始把注意力转移到其他方面。这时，我们的角色更像是导师"我来做，你来看"，我们会带着他们不断地尝试，找到他们自己的爱好，适应家庭、幼儿园以及社会上的基本规则，学习如何与别人合作。

学龄期（6 ~ 12岁）：勤奋对自卑的冲突，如果他们能够靠着自己的努力，不断战胜困难，顺利地完成学习课程，他们就会获得勤奋感，这能使他们在今后独立生活和承担工作任务时充满信心。我们的角色更像是教练，你要做什么？我来为你提供思路、工具以及反馈。跟他们一起制订学习计划，帮助他们养成学习习惯，发展自己的兴趣爱好，适应集体生活，克服懒惰，战胜困难。

开学的时候，我们家会开一个家庭会议，主题就是制订学习计划以及家务分工。学习计划主要就是放学后的时间安排，什么时候写作业？什么时候练琴？什么时候看电视？什么时候读英文……家务分工主要是要明确每个人每天要做哪些家务，包括：准备早餐，擦桌子，把碗放到洗碗机里，洗烘衣服……这些计划制订完成后，会打印出来贴在墙上，用来提醒大家。

当然，没有父母陪着写作业，孩子们有时候也会糊弄，跟其他同学相比，错题多，质量不高，老师也跟我们反馈过。随后，我们会跟孩子沟通，把老师反馈的问题提出来，跟他们一起商量如何解决，如果他们邀请我和先生帮忙，我们自然会参与，如果他们觉得自己可以处理，我们也会尽量选择相信他们有这个能力应对。

13~18岁的时候，他们开始进入青少年期，内心的主要矛盾是自我同一性与角色混乱，也就是叛逆期。这时候，我们干预的越多，孩子们就离我们越远，我们越会将他们推向同龄人。所以，我们的角色更像是朋友，"你怎么了？愿意说说吗？"我们需要更多地聆听他们的困惑和迷茫，给予她们接纳和鼓励。

19岁以后，开始进入成年期，他们已经上大学了，要去寻找自己的人生，就像是雏鹰长大以后，要去独立飞翔。这时，我们的角色更像是啦啦队，为他们每一次的进步和突破喝彩。其他的事情，我们想管也管不了了，只能放手让他们自己去经历，去碰壁。

总体来说，年纪小的时候，我们管的越严，越细致。随着年龄不断增长，我们管的越松，给他们的空间也越大。这和很多中国的家长恰恰相反，很多家长都是年纪小的时候不怎么管，好像也没什么时间管，越大了管的越严，如图3-1所示。

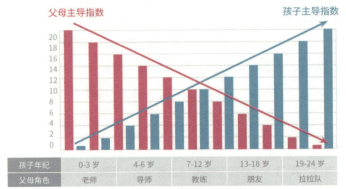

图 3-1　父母参与程度说明

　　根据上面的这些理念执行后，我们家的生活越来越有秩序，孩子上小学以后，他们早上都是自己起床，穿衣服，洗漱，并帮助我准备早餐，且从来不挑食。放学以后，基本都是练琴的练琴，练鼓的练鼓，写作业的写作业。我们顶多会问一句："根据你的计划，现在的时间该做什么？"晚餐后，自己收碗……轮流收拾餐桌，把碗放进洗碗机，把衣服放进洗衣机，睡觉前再把洗衣机里的衣服放进烘干机……

　　晚上6点到9点，应该是我和先生最忙的时间，他陪上小学的孩子写作业，我陪幼儿园的孩子讲故事，玩游戏。有时候，还要单独给上小学的孩子们一些时间，一起做烘焙，画画，玩儿桌游。本书第88页"五宝家的一天"是我们家全天的日程，妈妈们也可以参考。

　　授权是为了培养他们基本的生活、学习、社交等方面的能力，然后把相应的事务交给孩子们自己处理。当他们需要帮助的时候提供帮助，否则，我们局部干预。我们要把主要的时间和精力用在每个年龄段最重要的事情上。这也符合《高效能人士的七个习惯》的第三个习惯"要事第一"的原则。这样，我们才有可能节省出时间和精力来做自己的事情。

对于很多中国父母来说，最难做到的事情之一就是学会放手，要知道，很多时候，不是孩子需要我们，而是我们需要孩子，我们需要在孩子那里找到自己的存在感和价值。

04 家务缠身，关键不在日程而在优先事项

在前面的内容中，如果你已经确定了自己的行动规划，明确了自己的价值观并理解要实现这些目标的重要性。接下来，我们需要确定在日常生活中的优先次序，从而可以有效地利用时间，去实现这些目标。

如果你希望未来可以继续实现自己的社会价值，那么就需要在一些特定时间段内按照自己的价值观和目标做事，而不是按照我们的欲望或冲动行事。用史蒂芬·柯维的话说："要事第一最大的挑战不是管理时间，而是管理自己。"

在第三章内容中，我们还介绍了一个四象限法则，接下来，我们以孩子的年龄为尺度，详细地分析一下，在不同的年龄段，对于妈妈们来说，哪些事情是重要的，哪些事情是不重要的，如表3-2所示。

表3-2　时间管理四象限说明

年纪	第一象限 重要紧急	第二象限 重要不紧急	第三象限 紧急不重要	第四象限 不紧急不重要
0~3岁	生病、受伤、身体缺陷、预防针	培养六个核心习惯，包括：睡眠、饮食、沟通、生活自理、安全、娱乐（第二章有详细的说明）	陪睡，挑食	学习某些技能：背古诗，背单词，学拼音等

年纪	第一象限 重要紧急	第二象限 重要不紧急	第三象限 紧急不重要	第四象限 不紧急不重要
4~6岁	经常与小朋友发生矛盾；经常不遵守规则；参加毕业典礼	鼓励他们不断地尝试，找到自己的爱好，适应家庭、幼儿园以及社会上的基本规则，学习如何与别人合作……	生活习惯：帮忙穿衣服、穿鞋、洗漱	还在为衣食住行操心
7~12岁	学习成绩落后；厌学，不完成作业；家长会	制定学习计划，帮助他们养成学习习惯，发展自己的兴趣爱好，如何适应集体生活，如何克服懒惰战胜困难……	每天督促写作业	还在为衣食住行操心；帮她们整理房间、衣物
13~18岁	严重违纪夜不归家参与校园活动	跟孩子约会，一对一的聆听他们的困惑和迷茫。鼓励他们参与社会实践，做兼职，旅行开阔眼界	早恋倾向	还在为衣食住行操心；担心交错朋友；社交习惯
19岁以上	心理疾病；找不到未来的方向；严重违纪；同居，意外怀孕；参与他们的毕业典礼或集体活动	接待他们的朋友、同学；定期深入沟通，谈谈未来的人生规划		还在为衣食住行操心；担心交错朋友；社交习惯；找不到工作……

　　此外，当我们专注于第二象限时，这就意味着我们正在思考未来，从最基础的部分开始工作，坚持做下去会有效地预防危机发生！就像《高效能人士的七个习惯》的作者柯维在书中写到的：**"关键不在于优先考虑你的日程安排，而是安排你的优先事项。"**

　　也就是要在日程表里先安排那些重要不紧急的事项，这也符合我们常说的二八定律——80%的时间用来做20%对孩子来说最重要的事情，这20%的事情，可能会影响他们的人生走向。如图3-2所示：

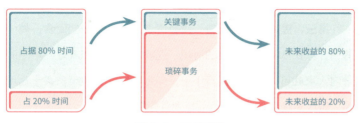

图 3-2　二八定律

　　这里的琐碎事务指的是基本都属于不重要的事情。如果孩子们有良好的生活自理习惯，会帮助我们分担很多工作，那我们该如何在这些琐碎的事务上节省时间呢？

　　首先，善用机器。洗碗机真的是一个伟大的发明，虽然有时候看着没有人工刷得干净，但总体来说可以满足我们的需求。如果没有洗碗机，每餐7个人的餐具再加上做饭时用过的餐具，收拾起来至少得一个小时，有了洗碗机，每天至少节省3小时。最重要的是，4岁以上的孩子都能操作。

　　烘干机也是如此，每天7人的衣服，洗完后的晾晒工作绝对是个大工程，有了烘干机就省去了这个环节，从烘干机里拿出来后，每个人各自拿走自己的衣服就好了，每天至少节省1个小时。孩子们都能操作。

　　扫地机器人、拖地机器人、烤箱、蒸箱……这些电器，都会给我们的生活提供很多便利，最重要的是，这些机器不会跟我们有分歧，不用我们考虑它们的感受，这要比与人打交道更省心。

　　第二，尽量交给别人。绝大部分时间，孩子们都会自己收拾自己的玩具、书籍等物品，每天睡觉前也会整理一下房间。

每周一、三、五，我会请一个钟点工来家里，做2小时的卫生，简单收拾一下房间，擦擦灰，换换床单被罩、沙发套，等等。

第三，提前规划和预备。我会请老人帮忙做一些面食，炖一些肉，冻在冰箱里，需要的时候，提前拿出来解冻就好，半小时之内大家就可以吃饭。周日下午，先生也经常去超市采买十几斤肉，做成半成品，这可以有效节省备餐的时间。

第四，善用网络。网购虽然少了很多体验，但是真的可以省去很多很多的时间。可以制订每周的菜谱，根据菜谱采购。周日晚上花1个小时，周中每天可以节省1到2个小时。

我平时有时间用于写作、外出学习、组织培训……时间都是这么节省出来的。我知道，跟身边的很多妈妈相比，我们家里没有那么整洁，每餐也没有那么精致，孩子们的衣服也没有那么平整，可那又有什么关系呢？孩子需要的时间和陪伴给足了，家里充满爱和喜乐，这才是最重要的。

05 五宝家的一天
——"家多宝"的生活也可以很高效

根据前面介绍的家庭秩序，我和先生都希望成为家庭真正的主人，所以，我们没有跟老人住在一起。另一方面，从小到大，我就是自己一个人长大的，性格比较独立。我不喜欢陌生人在家里晃来晃去，这也是我不请阿姨的原因之一。没有老人，又不请阿姨，但有很多家务要做，该怎么办呢？

很多妈妈的疑问可能会有一些答案，比如：

自己带五个孩子，饭都可能吃不上，怎么可能还有时间做家务，更别说自己的时间了。

你一天的生活是怎么安排的啊？要被累死了吧？

毕竟有七个人的衣服要洗，有七张嘴等着吃饭，还要接送孩子上下学，还哪有时间休息呢？

的确，备餐的数量、洗衣服、整理家务……比一两个孩子的时候会多很多。我也经常跟姜先生感慨：总有干不完的活，洗不完的衣服。

有意思的是，孩子越多，我们的生活反而更有秩序了。现在的生活，的确要比两个孩子的时候更加有规律，做家务的时间也更少了。

是的，你没看错，真的少了很多。

生活有计划非常重要，每个人的参与，一家人不断磨合调整，父母与孩子以及各种现代化机器之间的彼此配合。最终，可以省出大量的时间，在照顾好家人的同时也有自己的娱乐和休息时间。

也许有人会问："大量时间是多少时间呢？"每天4个小时，对于一个妈妈来说，量算多吗？

接下来，我会给大家介绍一下我们这个七口之家两天的生活。一天是小五几个月的时候，一天是小五3岁上幼儿园的时候，结合这两天的生活安排，希望可以给大家启发家务应该如何安排。

小五6个月

6:40 起床。

虽然有闹钟，但其实我基本都是被孩子们的聊天、大笑的声音吵醒的。

每晚五个孩子都可以在房间独立入睡，爸爸妈妈都休息得很好，所以早上很欢迎孩子们来骚扰我们。

6:45 备餐——15分钟。

早餐是三明治和牛奶。

先生发现了一个煎蛋神器，所以我们预备早餐的时间又节省了很多。

老大、老二会帮忙拿餐具、面包，放芝士，挤番茄酱，倒牛奶，分餐。妈妈只需要煎蛋。

如果妈妈需要睡懒觉的话，孩子们会自己搞定，将鸡蛋换成火腿，或者直接在面包上抹花生酱和牛奶麦片。

7:00 全家人的早餐时间。

给老五冲奶，自从有了带温度显示的水壶之后，直饮水直接烧到37度冲奶，再也不用因为试水温而耽误时间了。冲过奶粉的妈妈们都知道，找到合适的温度需要花费不少时间。

7:25 将脏衣服放到洗衣机里，七个人一天换下来的衣服，想想都很壮观。

7:30 妈妈送老大上学，爸爸收拾餐桌，老二、老三每天早上轮流喂老五吃奶。

7:55 送完老大回家，将洗完的衣服放入烘干机。

8:00 洗漱，换衣服。

8:30 爸爸送老二老三上学，然后去上班。天气好的话，妈妈会带老四老五去户外活动。

9:20 回家，老五睡觉，打开拖地机器人，给老四讲故事。

10∶00 老四画画或者玩乐高。

10∶30 水果时间。

11∶00 备餐，老四帮忙洗青菜，将红薯放进烤箱，豆粥放进电饭锅。

11∶25 准备老五的辅食和奶，辅食用微波炉加热。

11∶30 老五吃辅食，吃奶。

11∶50 做饭，老五和姐姐一起玩，妈妈炒菜。

12∶00 妈妈和老四午餐，老五自己玩或者吃一些磨牙的东西。

12∶30 午餐结束，孩子们玩一会儿。

13∶00 孩子们午睡。

14∶00 妈妈午睡。

15∶00 收拾厨房，准备晚餐。洗好菜，等接完孩子回来开始做菜。

15∶30 老四水果，老五水果和奶。

16∶00 带着老四和老五接老大、老二、老三，弟弟妹妹等姐姐放学。

17∶00 半小时视频时间，回家妈妈备餐，孩子们看动画片。

17∶30 全家晚餐。

18∶00 收拾碗筷，放入洗碗机，孩子们洗漱，换睡衣。

18∶15 孩子们玩游戏和看书的时间。

19∶00 妈妈给姐姐们讲故事，弟弟吃奶，爸爸陪老大写作业。

19∶30 四个小孩子上床睡觉，老大也开始上床睡觉。

20∶05 忙完一天的工作。

20∶05—23∶00 爸爸妈妈聊天沟通，看电影、看书、朋友聚会、回复公众号、写文章。

23:00 睡觉。

总结这一天的生活，除了孩子们有规律的作息之外，还有一些方法和设备可以为我们省很多时间。

五宝家的家庭日常

小五3岁半

6:30 起床。

孩子们都有电话手表，醒了之后会叫我起床。

6:35 准备早餐。

孩子们换衣服，收拾。

6:50 吃早餐。

早餐经常是三个姐姐在家吃，老四、老五去幼儿园吃。

7：10 洗漱，收拾。

7：25 带五个孩子一起出门，先送老大、老二、老三去小学。

7：45 送老四和老五去幼儿园。

8：00 到家开始运动，近期都是划船机5~10公里，35~60分钟。

9：00 洗澡收拾。

9：30 开始工作，周一学习，周三带小组，周二、周四、周五一般是在工作。

11：45 准备中午简餐。

12：00 吃午饭。

12：30 午睡。

13：30 工作。

15：00 出门接老大、老二、老三。

16：00 出门接老四、老五。

16：20 到家，孩子们会吃一些水果，聊聊天，备餐。

17：00 做饭。

18：00 全家人晚餐。

18：40 全家人英语故事时间。

19：00 妈妈陪老四、老五，爸爸陪老大、老二、老三写作业，练习乐器。

20：00 老四、老五睡觉，和爸爸一起陪老大、老二、老三。

21：00 老大、老二、老三睡觉/收拾厨房。

21：30 夫妻时间（工作，学习，看电影）。

23：00 睡觉。

小结 & 本章实用表格

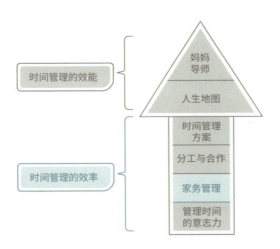

本章我们一起从以下四个方面讨论了如何通过管理家务来提高时间的使用效率：

1. 处理多重任务，完美是最大的谎言；

2. 别忘了你有一支军队，鼓励孩子做家务；

3. 该授权的时候要放手，让孩子自己承担起责任；

4. 家务缠身，关键不在日程而在优先事项。

这些事情都不是一蹴而就的，需要姐妹们和先生一起讨论，逐步完善，每个阶段只改善一项内容，一年下来也许你的生活会有非常大的改变。

本章实用表格

家庭大扫除前，可以在家庭会议时讨论一下如何分工，务必邀请孩子们一起参与，根据下面的清单一一对照完成。如果孩子比较小，可能需要成年人陪同一起完成。

每周家务清单（如表3-3所示）

表3-3　每周家务清单

卧室	浴室
打扫床铺 清洗所有被褥 更换床上用品 清洁所有装饰品和相框 清洁镜子 清洗床垫（吸尘螨） 清洗窗户 清洗踢脚板 清洗地板 主卧负责人： 次卧负责人：	清洁马桶 清洁水槽，浴缸和淋浴 清洁镜子 清洗瓷砖 清洗毛巾和浴室垫 整理洗漱用品 清洗洗衣机 负责人：
楼梯、过道和阳台	**书房**
清洁所有装饰品和相框 清洗栏杆和楼梯 清结地面 清洗烘干机 负责人：	清洁所有装饰品和相框 清洁镜子 清洗窗户 清洗踢脚板 清洗地板 整理书架（分类） 负责人：

厨房	客厅
擦拭工作台面和橱柜 / 抽屉正面 清洁厨房窗台 清洁烟机灶具（表面） 擦拭烤箱＆蒸箱＆微波炉（包括内部） 擦拭所有小家电（水壶、面包机、破壁机等） 清洁厨房水槽 清洗洗碗机 清洁厨房桌椅 擦拭厨房垃圾桶。 清洁地面 负责人：	清洗坐垫套或垫子 清洁所有装饰品和相框 清理桌子 回收不需要的杂志和报纸 清理沙发和任何可移动沙发下面 清洁地面 擦拭电视 负责人：
餐厅	**其他**
清洁所有装饰品和相框 擦拭所有小家电（咖啡机等） 擦拭餐边柜 整理餐具 清洗冰箱 清洁地面 负责人：	检查食品库存 检查生活用品库存 菜单计划 编写购物清单 / 订单购物 负责人：

　　大扫除之前，可以根据上面的表格分工，每完成一项在后面打钩。也可以根据自己家的情况，重新规划上述表格。

　　另外，每天吃什么，其实也是一件非常消耗精力的事情，与其临时想，不如提前规划好，可以在家庭会议的时候，全家人一起看菜谱，然后每个人可以选一些自己喜欢吃的东西。

我曾经看过一个笑话，有一个妈妈跟孩子说："你看，妈妈都不挑食，宝贝也不挑食好吗？"孩子回答："因为饭都是妈妈做的，妈妈肯定会选自己喜欢吃的做呀，所以妈妈不挑食！"

每周食谱（如表3-4所示）

表3-4　每周食谱

	星期一	星期二	星期三	星期四	星期五	星期六	星期日
早餐	主菜 其他						
上午加餐	水果 坚果 饮品						
中餐	青菜 肉类 主食 其他						
下午加餐	水果 坚果 饮品						
晚餐	青菜 肉类 主食 其他						

其实全家人一起去超市采购是一件挺好的事情，列清单的过程也可以让孩子参与进来，到了超市后让孩子拿着清单找到相应的物品，这也是一个很好的学习机会。

采购清单（如表3-5所示）

表 3-5　采购清单

蔬菜	水果	肉类
		牛肉 羊肉 鸡肉 猪肉 鱼肉 海鲜
调料	**饮品**	**熟食（半成品）**
	奶制品 果汁 茶 咖啡	
日用品	**服装**	**办公及学习用品**

　　姐妹们可以根据自己的需要调整表格的格式，这些表格的好处就是节省我们的思考、记忆的时间，让我们将更多的精力投入到其他事情上。

第四章

做全家的 CEO，
协作才能让生产力翻倍

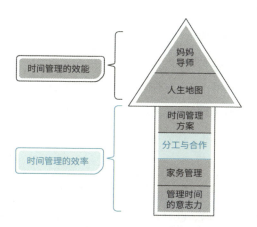

本章我们会一起来探讨如何通过与家人有效合作来提高时间的使用效率。其中会涉及两个特别常见却又特别棘手的话题：婆媳关系和丧偶式育儿。如果我们可以处理好这两个重要的家庭关系，我们将会得到他们巨大的支持，从而赢得充沛的时间。

当你走在街头，看着一对年轻的夫妻身边跟着五个孩子，你会有什么印象？有什么想法？是不是会多看他们几眼？

"这都是他们的孩子吗？"

"这两口子，真不怕死啊？！"

"我家一个都累死啦，他们能带这么多！"

"他家肯定是有矿啊！"

"他们怎么能带这么多孩子？"

"他们还挺厉害的！"

"他们怎么能生这么多？计划生育不管吗？"

"老人不得累死？"

"需要请多少保姆啊？"

再多看几眼，发现一、二、三、四都是女孩儿，最小的是个男孩儿，突然明白啦！

"他们肯定是想要男孩儿！"

"什么年代了，还有这样的想法？这父母太不负责任啦！"

"怪不得敢要那么多，不用担心娶媳妇，买房子啊！"

"等他长大点儿，你就知道男孩有多难带啦。"

……

从老三出生后，每次外出，我们都会遇到有人来跟我们"探讨"上面这些话题。也有人说我们太不负责任，为了想要儿子，不顾及孩子的教育质量，现在竞争这么激烈，你家孩子以后怎么跟那些独生子女比，一定会被淘汰的。

的确，在中国的大城市里，能要5个孩子的家庭真的很少见，被当成稀有动物很正常。要知道，绝大部分的中国家庭都是几个大人带一个孩子，每天都累得不行，根本没有时间休息，他们看到我们家的生活方式怎么可能不好奇呢？

我真的见过比较富裕的人家，生了3个孩子，爸爸、妈妈、姥爷、姥姥外加3个保姆，7个成年人带3个孩子。就这样，女主人还每天嚷嚷着累得不行，没有自己的生活。

其实，这样的事情在职场上也屡见不鲜。一个销售人员一个人单干的时候，可以完成近千万的销售额，成为公司的明星员工。公司认可了他的工作能力，升他做销售经理，让他带一个5人的销售团队，期待他可以带领团队完成2千万的销售额。

接下来的一年，这位销售明星比过去更努力，他认认真真地教导团队里的其他人。结果却事与愿违，年底总结时，他并没有完成公司期待的业绩，只比单干的时候多了一点点。为什么他一个人可以做得非常好，成为管理人员后的表现却不能让人满意，还不如自己单干的工作效率高？其实，一个人做销售和带着一群人做销售需要的是完全不同的技能。

对于很多妈妈来说，她一个人的时候生活丰富多彩，有自己的事业目标、学习计划、社交圈子，还可以利用年假外出旅行……几年后，她遇到了自己的白马王子，进入了婚姻。婚后也还不错，虽然偶尔会跟丈夫发生一些争执，但基本上还可以维持单身时的生活状态。

再过几年，有了孩子后，妈妈突然发现自己的生活发生了巨大的变化：没有时间追求事业，闺密也很久都没见到，更别说外出旅行了……生活单调乏味，日子越过越抑郁……

仅仅是多了一个或者两个孩子而已，为什么生活会有如此巨大的变化？要知道，这时候，我们家里多的可不止一个帮忙的人，可能还多了公公、婆婆或者是岳父、岳母，甚至保姆。为什么他们的帮忙反而让我们越来越累？能做的事情越来越少？

与上面所说的销售工作一样，相比一个人生活，和家人一起生活其实也是需要不同的技能的。

很多朋友发现，我们有一套比较高效的团队合作模式，时间的使用效率大大提高了。所以，同样的10年时间，我们夫妻不但能养育5个孩子，还有精力创业，有时间规划读书、学习，还可以安排时间外出约会……当然，我们的孩子也不比任何一个独生子女差，无论从性格、习惯还是学业上，都是如此。

这个高效的家庭合作模式主要由三个部分组成：合理的秩序、共同的愿景、爸爸的参与。相信我，一旦你也拥有这样的家庭模式，你的生活将会发生翻天覆地的变化，我的身边已经有很多的妈妈经历了这样的变化。

01 家庭秩序是破局的关键

任何一个组织如果想要提高效率，都要有一套合理的管理秩序，家庭也不例外。在公司里，没有什么可争论的，绝大部分的时候是老板说了算，由他来决定公司的发展方向，配给资源。但是在家庭之中就不一定了。

中国人在短短的40年内，经历了从农业社会到工业社会再到互联网社会的变迁，每一种社会形式都有不同的生活习惯，也会产生不同的家庭观念。往往，住在一个屋檐下的三代人，头脑中对家庭观念的理解完全不一样，这正是中国家庭关系的复杂之处。平衡这些人际关系，也是最耗费时间和精力的。

以老人为主

在改革开放以前，中国基本处于农业社会，绝大部分的家庭生活都是围绕着农耕展开的，规律、程序、集体意识、一成不变就是农业社会的主流意识。加之传统文化的影响，中国逐渐形成了一种比较常见的家庭模式——以老人为主导的家庭秩序架构，如图4-1所示。这个秩序架构一直沿用至改革开放以前。

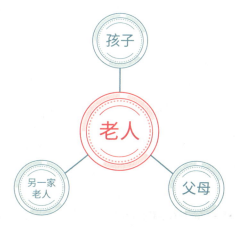

图4-1　以老人为主导的家庭秩序架构

在这样的家庭秩序下，老人一般会主导家庭的一切事务，他们会为儿女安排工作，买房子，办婚礼，决定什么时候要孩子，要几个孩子，家里的财务怎么分配……这个角色一般由女性担当。

绝大部分的婆媳矛盾也都因此而起，一个家庭中怎么可能有两个女主人？也就是所谓的一山不容二虎，谁都想拥有家庭的话语权，战争就这样爆发了……最难受的是谁？

另外，在这样的家庭秩序下，因为都是被老人养大，听命于老人，所以，父母和孩子从本质来说是平辈的关系，亲子关系自然就会比较紧张。父母很难对孩子产生影响力，在孩子的心中，我们都是员工，为什么我要听你的？

当然，也有人持另一种观点：这样的秩序有什么不好呢？有人为我安排一切，多省心啊！为什么这样的方式不符合时代呢？原因在于：

第一，老人的很多观念，生活观、教育观、工作观已经落后于时代，很难改变。我在前文提到过的窗口期，包括对食物、音乐甚至是信仰的偏好，这些在窗口期确立之后很难改变。

现在很多父母陪孩子出国读书的一个重要原因是：孩子吃不惯西餐。他们总觉得米饭、炒菜才算是正餐。想想他们连这点儿生活习惯都难以改变，更何况教育理念呢。中国社会在过去几十年间的观念变化，比其他任何国家过去100年的变化还要剧烈。我们的生活环境、文化氛围、科技发展都在不断地发生着翻天覆地的变化。

我们现在生活的时代技术迭代飞快，是一个需要突出个性自由的时代。但绝大部分的老人根本无法适应互联网时代的生活方式，虽然他们也在使用这个时代的产品，但是他们的思想很多已经落伍了。这就导致了隔代之间几乎无法交流。大多数父母的思想停留在他们的年轻时代，他们已经过了窗口期，很难再改变了。

如果你真的按照他们的思想规划自己的生活，真的让老人带孩子，那么后期就一定要调整好心态，做好准备，因为你很可能

要花更多时间来改掉孩子身上被老人宠出来的坏习惯！

想一想，如果一个企业老板还在沿用几十年前的经营策略，这个公司会存在多久？他与公司其他员工的关系会怎样？那场景是不是跟现在的很多家庭类似？

第二，一个人的成长需要一定的压力。只有不断面对问题，解决问题，我们才能不断地成长，这需要我们不断走出自己的舒适区。如果一直待在老人的呵护之下，始终待在自己的舒适区里，我们很难面对真正的挑战，能力也就无法锻炼。虽然我们的年纪不断增长，但我们的心智却并没有变得越来越成熟。我们会逐渐成为妈宝，失去挑战自己的勇气。一旦有一天老人离开，妈宝们将如何面对生活呢？

如果家里的老人控制欲非常强，我们其实很难改变他们，唯一的解决方案就是保持适度的空间。我知道这对很多人来说，也许是一种"不孝"，但深入想一下，如果他们在我们身边，每天辛苦地做家务，却不断发生争吵……所有人都身心疲惫，这样的生活方式就是孝顺吗？

我爸妈退休后的10年间，不但保持着健康的身体，而且去过一百多个国家旅行，很快就要实现环游世界的梦想了。每次听他们分享世界各地的见闻、美景，我都会为他们感到高兴，这难道不是另一种孝顺吗？

以孩子为主

20世纪80年代以后，大部分中国家庭产生了一种新的模式——**孩子是家里的中心，亲子关系是家庭中最重要的**，父母要根据孩子的需要和心情来规划家里的日常生活，如图4-2所示。

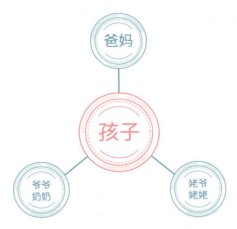

图4-2　以孩子为主导的家庭秩序架构

　　这样的家庭秩序同样存在着严重的弊端。父母、老人在家里的状态更像公司里的员工，而孩子更像老板。老板有什么需求、什么目标，员工们自然会竭尽所能去实现。也就是说，家里绝大部分的资源——生活、财务、人力等都是围绕着孩子来计划配置的。

　　所有的成年人都围绕着一个未成年的孩子团团转，这是中国的城市家庭常见的现象。我不是想评论这些行为对或者不对，我只是想用中立的视角表达一下社会现象。

　　很多父母之所以会觉得很累，是因为白天在公司"伺候"完客户，晚上回家又需要"伺候"另一个领导，肯定会很辛苦。

　　如果女主人是全职妈妈，生活更是围绕着孩子转，几年下来，基本没有了自己的追求，几乎是与社会脱离。也正是这个原因，很多80后的妈妈们非常抗拒做全职妈妈。因为她们需要有自己的人生价值去实现。

其实，对于这样的方式，一个孩子我们还是可以应付的，虽然有些辛苦，忍一忍也就过来了。一旦父母想生二胎，挑战就来了。

首先，孩子有可能不同意，因为他不希望有人来争夺他的地位；二来，父母、老人也会面露难色：一个都这么"难伺候"，再来一个还不累死？是啊，家里突然又要多一位"老板"，你说，所有的成员是什么心情？想一想，如果一家公司有两个老板，这个公司会乱成什么样。

再有，这样的家庭秩序能有什么值得努力的家庭愿景或者家庭目标吗？基本就是随波逐流。也许你会说"孩子考上名牌大学不也是目标吗？"是目标，然后呢？找个好工作？结婚？生孩子？再给孩子看孩子……我们自己的生活呢？我们的人生呢？

以夫妻为主

也许你会问："你家不也是这样吗？从日常的生活内容来看，不也是这些事儿吗？"从一些具体的行为来看，的确有很多的相似之处，但是我们家的出发点或逻辑完全不同。我们夫妻二人是这个家庭的中心，我们决定了这个家庭的生活方式以及未来走向。如果用创业公司来比喻的话，我们夫妻二人是创始人，孩子们是这个公司的员工，老人是我们的供应商或者合作伙伴。

在我们的家庭关系中，夫妻关系是最重要的，然后才是亲子关系，最后是姻亲关系。夫妻才是一个家庭的主导，如图4-3所示。

图4-3 以夫妻为主导的家庭秩序架构

我跟先生就像公司的创始人一样，始终掌握着这个家庭的主导权，由我们来制订规则。孩子们则配合我们执行规则。如此，我们才能带这么多孩子。这也是我们家与其他父母最大的差别所在。

或许你觉得我把家庭比喻成组织有些冷冰冰，但这是一个事实，一个家庭就是一个组织。三人以上则为众，众人在同一个环境里生活就是一个组织。同时，也请你相信，我们也是一对感情丰富的父母，对待孩子的重视程度以及疼爱之心与其他父母相比毫不逊色，如果有机会进入我们的生活，你会感受得到。

其实一个刚出生的孩子，就像一个刚入职的员工，他们对这个世界，对这个公司都很陌生，我们有责任培养他们健康的生活习惯，教导他们正确的生活方式，就像一个优秀的公司要精心培养刚入职的员工一样。

在这个过程中，孩子们当然不会一直很开心，偶尔也会哭闹，这也是正常的情况，就像新员工进入一家公司，也会有很多不适应，也需要花时间调整，花时间学习。我们会把公司的主导权交给刚入职的员工吗？那为什么我要把家庭的主导权交给孩子呢？

说得再直白点儿，6岁以下的孩子，还没有成熟到能够分辨哪些行为是对他们有益的，哪些行为是有害的，作为父母，我有义务、有责任教导他们做正确的事情。我要承担起这个责任。

比如睡眠，大部分的家长都知道，6岁以下的孩子，每天的睡眠时间要保证12小时左右，才能保证孩子的正常发育。尤其是晚上，深度睡眠是促进大脑发育以及身体发育的重要时段。作为妈妈，带了一天孩子，到晚上也需要休息，充充电。所以，我们家所有的小朋友都会在晚上7点半左右上床睡觉（孩子上小学后，时间会推后一小时），直到早上7点左右起床。

是的，大部分时候，孩子们都不想睡。可是抱歉，再不情愿他也需要去睡觉。

比如饮食，爸爸妈妈都不希望孩子挑食，可就是拿孩子没办法。在我们家，也会培养孩子健康的饮食习惯，按时吃饭以及营养均衡。从1岁开始，我们就培养孩子们自己吃饭，吃什么由我决定，吃多少则由他们自己决定。不喜欢吃可以少吃，但是不能不吃。孩子们在1岁左右就可以独立进食，2岁左右就可以帮助父母给其他小朋友喂饭。

两岁的老四给弟弟喂奶陪弟弟游戏

看完这两个例子，你也许会觉得我们太冷酷，一点儿都不尊重孩子们的感受。最初我婆婆也经常说："孩子真可怜啊，这么小就要自己吃饭啦！"过了两年，她发现这样做太好了，大人、孩子都很轻松。婆婆现在经常一个人带着五个孩子去公园，也是得益于孩子们良好的生活习惯。

再说说这样的家庭秩序带来的可以预见的益处：

·父母不会迷失自己或者影响夫妻关系。很多父母都反映，有了孩子之后，妻子会把时间和精力都放在孩子的身上，忽略了丈夫的需要，时间长了，夫妻关系肯定不如从前，要知道，没有任何一段关系是不需要维护的。

·孩子们彼此之间是伙伴，是一种良性竞争的关系。就像在公司里，人与人之间如果存在良性竞争的关系，会让彼此都成长。当然，他们自己也会有比较，也会有争宠的情况出现，父母需要学会用制度平衡他们的关系。

·老人也有自己的生活。我们家的三位老人，每年都会外出旅行，他们辛苦工作了一辈子，有权利享受自己的退休生活，追求自己年轻时的梦想。

·帮助孩子融入社会。如果孩子从小就生活在以他为中心的家庭中，大学之后，离开家庭进入社会，他们突然发现，这个世界并不是以他为中心的，他可能需要一段时间才能适应。

·有利于父母在事业上的发展。你可能会说，这跟工作有关系吗？你想想我们这套思维方式是不是与在职场领导一个团队的思维方式很像？如果我们能够在家里养成这样的习惯，再回到职场，还会觉得生疏吗？是不是比较容易重新回归融入职场呢？

这样的模式下，妈妈们才有主动权，才有能力去规划自己的生活，才有余力去追求自己的价值。

02 家庭愿景，站在更高视野建立成长型家庭

我们想要承担家庭的领导责任，并没有想象的那么轻松，除了必要的家务以外，我们还需要对未来的方向有更深入的学习、讨论，其中最重要的任务就是形成一个家庭愿景。

就像经营一家公司，创业团队最重要的工作就是要描述这家公司未来的愿景。所谓愿景，就是由组织内部的成员制订，**由团队讨论，获得组织一致的共识，形成大家愿意全力以赴的未来方向。**

家庭愿景就是一家人看向同一个画面

　　想一想，如果一个组织没有共同的方向，每一个成员都按照自己的理解工作，这个组织会是什么样子？相信用不了多久，这个组织就要解散了。

　　我们都坐过长途客车，到了长途车站的时候，首先要考虑什么问题？客车品牌？颜色？空间大小？内饰新旧？车上餐好不好吃？服务员美不美？都不对，你上车前肯定先需要了解这趟车的日的地。如果目的地正确，才会考虑上面的那些内容。你会不会不看目的地就直接选一个看着最贵的车？肯定不会吧。

　　可惜的是，大部分妈妈在婚姻中都不是这样的操作，我们首先会关注对面男生的颜值、身材、工作、财力、家庭……这些都符合了，就结婚了，走到一半的时候，我们才发现，彼此的生活模式、未来的目标、三观……都不一样，于是，各种矛盾就这样出现了……这就是缺少共同的愿景所带来的负面结果。

家庭是社会中最小的组织，但最小的组织也是组织，也要遵循一个组织的发展规律，也就是说，再小的组织也需要有愿景。要知道，如果我们不主动思考家庭的未来，别的人或事物就会掌握这个主导权。我不想把家庭的主导权交予社会，更不能交给一个未成年的孩子。所以，从结婚的时候，我们就开始设计家庭走向，有了自己的家庭愿景。

家庭愿景并不需要像企业愿景那样，要上升到为了人类的福祉做什么，这看上去离我们的生活太远了，要涉及的问题需要围绕着我们的生活展开。

为什么我们会探讨未来要成为什么样的人？成为什么样的父母？因为我们相信，**父母是什么样的人远远比做了什么正确的事情更重要。父母成为一个爱学习的人，远远比我花很长时间陪着孩子写作业对他们的影响更大。**

我不是说不陪孩子写作业，而是在生活中让他们感受到，我就是一个爱学习的人。不是每天花大量的时间看电视或者打游戏，而嘴上跟孩子说，你要好好学习、学习很重要。我查了很多的资料和统计数据，都显示出这样的结果，就是父母本身是什么人，远远比父母做了什么对孩子的影响更大。这也是我们一直倡导的育儿等于育己的概念。

那么，该如何合理地分配手里的资源？如何平衡家庭成员的关系？我们都希望在父母、孩子、老人三者之间找到一个平衡，而不是为了成就某一方，而不顾及其他成员的益处。就像一个商业公司既要考虑公司的发展，也要考虑合伙人和员工的利益、需求一样。家庭之中的人际关系，是中国家庭最头疼的问题之一，尤其是婆媳关系。我们在这些关系中耗费了太多的精力，最好就是建立一定的安全距离，互不干涉。

当然，我们也会根据家庭的需要，请老人提供帮助。正常情况下，我们每周会有一天带着孩子去奶奶家或者姥姥家，一是老人们需要享受天伦之乐，二是我们也可以腾出一些时间外出约会，给自己一个放松的时间。

90%的时间，我们都有各自的生活，互不干涉。如果临时有事情需要外出，我们会请老人或者亲友来帮忙照看一下孩子。这样的方式，是不是有点儿像创业公司采购供应商的服务？我们也会请老人帮我们准备一些速冻食品，包个饺子，蒸个花卷……冻在冰箱里，节省平时的备餐时间。

我们会一起探讨每个阶段最重要的事情是什么？我需要做些什么？家庭的发展、人的发展都有不同的阶段，每个阶段都有最重要的事情，我们很难在同一个时间段既把家庭照顾好，又在事业上飞黄腾达。至少我是一个普通的80后，我无法做到这一点。

结婚头七年，夫妻需要花大量的时间进行磨合，尤其是有了孩子之后。在这个阶段，我选择将更多的时间投入到家庭中，所以在事业上我承担了相应的结果，我没有让人艳羡的显赫地位和工资收入，但我却有一个让大部分同龄人羡慕的家庭。先生也是如此，为了有更多的时间照顾家庭，他放弃了几次前途很好的职位晋升机会。看着朋友们的事业风生水起，他心里也会感到失落。

从第10年开始，我们逐渐把重心转移到了工作上，所以才有了现在的我——简单妈妈。也因为先生将更多的时间投入到家庭之中，所以他才对家庭教育有了更深切的体会，这也是先生开设育儿公众号的实践基础。

家庭生活其实也有自己的生命周期，就像一个公司在成长的过程中，要经历初创期、成长期、成熟期一样，每个时期的侧重点不一样，创始人要在获取利润、员工发展、组织协调、开拓创新之间有所选择。没有一个组织能够同时做好所有的事情。我们会根据对未来的计划，花时间来装备自己；也会花时间学习如何教养孩子，了解孩子在成长的不同阶段有什么不同的需要。

在这个过程中，家庭的核心价值观是什么？需要遵守什么原则？这些原则，是我跟先生花了非常多的时间一起探讨出来的，不是我的，也不是他的，而是我们家庭共同的。也是我们**所有家庭成员都要遵守的，我们在生活中遇到各种选择的时候，都会依照这些原则来做决策。**

每一对夫妻都成长于不同的原生家庭，经过二三十年的沉淀，形成了风格迥异的处事原则。我们带着这些差异组建新的家庭，在日常生活的过程中，由于处事原则的差异，势必会出现很多矛盾。

例如：要几个孩子？由谁来承担养育的责任？钱由谁来管理？家务如何分配？做不做出行计划？牙膏从哪挤？如何赡养老人？……这每一个问题都可能让夫妻大吵一架。我和先生当然也遇到过这些问题。刚结婚没几个月，我甚至还离家出走了……几次下来，我们开始认识到，吵架本身并不是坏事儿，它也是一种交流的方式。

最恐怖的是如果我们希望用吵架的方式让对方完全按照我们的方式和原则行事，或者争论谁的原则更好，这种矛盾发生多少次也没什么用，还会伤害彼此的感情。真的，没有人愿意认输，尤其是男人。

所以，后来我们逐渐达成了共识，两个人尽量不按照原生家庭的处事原则行事，尽量形成属于我们自己的家庭原则。也就是说，我们每一次吵架之后，都会聊聊我们之间的矛盾点在哪？有什么差异？哪种原则更有利于我们实现自己的家庭愿景。

10年下来，我们逐渐形成了自己的家庭原则，每次出现分歧或者需要做决策的时候，我们都会参考这些原则，在这些原则的基础上再进行沟通。

在这样的前提下，每次吵完架，我们都能达成一些共识，关系也更进一步，越来越亲密了，吵架逐渐成为我们增进彼此关系的催化剂。

接下来的内容是我们10年来积累的一些家庭原则，供大家参考，希望每个家庭都可以拥有自己的家庭原则，让我们每一次吵架都离我们的愿景更进一步。

· 关于家庭

1. 夫妻关系是家庭关系的第一位，孩子是家庭的重要成员，但不是家庭的核心，更不是家庭的全部。

2. 各尽所能分担家务。

3. 计划是很重要的。制订家庭愿景，每年制订个人成长计划。适合自己、可执行、能坚持最重要。

4. 家规面前，人人平等，即便是父母违反了，也要承担相应的后果。

5. 要说积极、正面、鼓励人的话语。

6. 不在家务劳动上占用太多时间和精力，能用机器就用机器，节省下的时间用于陪孩子、家人、学习。

· 关于教养孩子

1. 我们希望孩子们18岁的时候可以成为诚实守信、有勇气、有热情、有信仰、有合作精神、身体健康、适应能力强、有独立思考能力、有一技之长、可以成为一个称职的配偶、可以设定并完成目标的成年人。

2. 我们是孩子的榜样，我们希望孩子们成为什么样的人，我们自己也要成为那样的人。在批评孩子之前，先想想自己做得怎么样。

3. 在孩子面前，我们也是人，也会累，也会烦躁、情绪低落，我们也需要休息充电，也需要孩子们的体谅和包容，也要勇于向孩子承认错误。

4. 教养孩子是父母的责任，老人要有自己的生活。

5. 育儿方式需要更新发展，老一辈的经验可以借鉴，却不是标准。

6. 孩子的成长是一个系统工程，需要循序渐进，不断完善，永远没有完美的解决方案。

7. 根据孩子的年龄、性别、个性采取不同的教养方式。

· 关于自己

1. 自己对自己的行为、决定负责，不埋怨别人以及环境。

2. 无论遇到任何事情，都要充满希望。人生的起伏是再正常不过的事儿，低谷中可以充满希望，高峰时可以保持冷静。

3. 找到适合自己的导师（榜样）很重要。导师的经验可以借鉴，但不能完全照搬。我们的配偶不是同一个，成长环境也不同。

4. 照顾好自己，才有能力照顾好别人。灯塔下面是最黑暗的地方。要有自己充电的时间。

5. 拥有自己独立的思维以及核心能力。

· 关于他人

1. 开放家庭，影响更多的人。

2. 尊重别人的空间以及选择，不强加干预，给别人尝试的机会，体会这种自然后果。这是成长的必经之路。

3. 与人合作，要学会妥协与让步，形成第三种方案是一种重要的能力。

当然，我们也会一起讨论如何制订我们家庭的一年计划、五年计划，有哪些核心内容？我们需要采取哪些行动？如何把这些行动分解到每天的生活当中？这部分内容是不是像公司里的任务那样可以分解？当然，我们不会像公司那样，严格控制每一天的行动方案、会议、汇报，至少我们每年会做一个家庭目标，年底会有一个总结。让所有的家庭成员都可以知道，这一年我们要做什么？我们做得怎么样？有哪些要改善的内容？

妈妈们想一想，花些时间，和先生一起讨论出这样的家庭愿景，是不是在生活中会避免很多很多的分歧，少走很多弯路，是不是让我们的时间更有效率。这种改变可能远远比学会使用某个时间管理工具所带来的改变大。

03 用对了这些方法，"猪队友"也会变身"小超人"

任何一个组织都需要分工与协作，家庭也是如此，中国传统观念中的"男主外，女主内"就是分工思维。

很多年前，我看到过一本叫《男人来自火星 女人来自金星》的书，那是一本畅销多年，描写两性关系的书。书中详细描述了男人和女人的不同，他们从生理到心理，从语言到情感，都完全不一样。要知道，差异虽会带来矛盾，但也是互补的基础。

很遗憾的是，中国的男性在家庭生活之中，好像逐渐被边缘化了，很多夫妻还保持着表面的婚姻关系，却出现了形式上的单亲家庭，父亲在家里更多的是扮演提款机的角色。

爸爸在家庭生活中逐渐被边缘化的原因主要有两个：

一是家庭生活的压力，逼着很多男人需要花更多的时间外出工作。

二是男人在很多需要耐心、细心的家务劳动上没有什么优势，尤其是孩子2岁以前。更多的是扮演"手"的角色，只能听命于女人或者是老人，不能有自己的想法，即使非常努力也经常被指责、被挑剔。想一想，如果我们长期在这样的环境中工作，是不是也想跑？

家里人口比较多，老人、保姆基本包办了所有的家务劳动，根本不需要男人做什么。在家里，男人无法找到自己的存在感。久而久之，他们开始远离家庭生活，在外面寻求自己的价值和意义。

你曾经工作过的团队中，如果同事之间沟通比较充分，目标比较清晰，大家都知道，也都认同自己的工作，这样的情况下工作效率会很高，团队不但有高涨的工作热情，也有很高的参与度。反之，如果领导一个人说了算，其他人只是听话照做，这样的情况下，大家的工作效率、工作热情……不用形容了吧，离职是不是早晚的事儿？

如果妈妈们希望爸爸们更多地参与家庭生活，首先要形成上面提到的家庭愿景，**接下来，再跟爸爸们一起讨论："为了实现我们的愿景，我们应该如何做？"或者是"我们现在遇到了这样的问题，我们应该如何解决？"**其实这些讨论的过程远比结果重要。即使我们知道该如何做，也要跟对方一起讨论一下，也许会有更好的方案。

别看现在我先生可以参与家庭生活，可以参与养育孩子，在刚结婚的那段时间，我真的没看出他跟身边其他的80后男生有什么差别——他基本上是活在自己的世界里。

蜜月回来后，我从童话般的婚礼和蜜月中重新回到了现实生活中。跟绝大部分的城市家庭一样，夫妻二人白天各自忙工作，晚上拖着疲惫的身体回家。

值得庆幸的是，晚上只要先生不陪客户，都会回家做饭。对于美食，他很有天赋，悟性也高。我们在餐厅吃过的菜，只要不是太复杂，回家后他都可以做出来。备餐是我婚后最幸福的时刻，每次我都会给他打下手，我们一边准备晚餐，一边聊着白天的一些鸡毛蒜皮。至于其他的事，我简直不忍描述：

他刚开始是做室内装饰业务的，经常会去工地，衣服裤子上经常挂着污渍，每天进门打完招呼后，鞋子一脱，便往门口一扔，外套脱下来，就随手丢在沙发上。回家后也不换衣服，直接坐在沙发上，甚至躺在床上看电视。每次袜子脱下来都是随手一扔，沙发下面、床底下、电脑桌、餐桌底下，甚至厨房里都能找到他的袜子。总之，除了洗衣筐，其他地方都可能是他扔袜子的地方。跟他沟通几次后，虽然有所收敛，但依然没有杜绝。

睡觉前，我经常要换一次床单被罩，有时候他看到了，也会一边帮忙一边嬉皮笑脸地跟我开玩笑。有时候我会想，婆婆那么爱干净，他怎么就没学着点儿呢？回头想想，我爸妈也超级爱干净，我也没学到啊，我虽然没有乱扔袜子，但其他东西也是扔得到处都是。

晚饭后，先生跟我见过的大部分80后男生差不多，基本的娱乐活动就是玩游戏、看电影或追剧，每天忙得不亦乐乎，基本无视我的存在。最可怕的是我俩的作息习惯差距特别大，我10点就会上床睡觉，他12点以后才睡。他一直说，睡觉是浪费生命的事情。经常我睡醒好几觉了，他还在电脑旁"奋战"。

看着他的背影，我就在想：你娶媳妇干什么？直接就跟电脑、电视过得了！所以我经常会一个人偷偷地哭，觉得他根本就不爱我，情绪低落到了极点。这样的状况后来发生了神奇的转变，是因为我们有了共同的家庭梦想和愿景。

有一次朋友聚会结束后，我们的家庭导师班尼（Benny）问我：
"新婚生活怎么样？"我勉强挤出一些笑容回答道："还挺好的。"想
起每天先生回家后的表现，我其实特别想哭，觉得特别委屈。

"对了，你们的家庭梦想写没写？"班尼又问。

"还没写，他每天忙得不行，顾不上写。"我略带嘲讽地
回答。

过了一会儿，班尼看到先生，跟他说赶紧写家庭梦想，他答
应晚上回家就做。其实我们当时对如何制作家庭梦想板都没什么
概念，不知道具体该如何操作，要写哪些内容。当天晚上，我们
只是初步讨论了一下，也没有形成具体的文字。看先生也不太积
极，我失望极了。

过了几天，他去参加了一个关于教练的培训课程。没想到，
课程里有一个环节，居然是启发大家如何制作个人的梦想板，并
且有非常详细的操作步骤。先生的学习能力很强，并且还会举一
反三。所以他拿到这些资料后非常兴奋，当天不仅做了自己的梦
想板，晚上还拉着我坐在电脑旁聊了起来，和我一起规划我们家
庭的未来。

我们先是头脑风暴，说出各自的梦想、对未来生活有什么
期待。具体包括以下内容：家庭的生活方式、未来居住的城市、
工作状态、有几个孩子、身体状况、财务状况、希望未来成为
什么样的人、需要什么样的经历、预备哪些技能、还需要做哪
些准备。

顺着这些问题，我们形成了初步的家庭愿景：
我们想成为像安老（为我们证婚的老人家）那样的服务型

夫妻；

要生养三个孩子；

建立一个学习型的家庭；

35岁时，先生要建立自己的商业公司。

我们重要的家庭决策顺位是：信念第一，家庭第二，事业第三。

身边很多朋友看过我们的家庭梦想板，尤其是建立学习型的家庭，都觉得很可笑，有的还用略带嘲讽的语气说：你们俩这是要组建一个"带有革命气质"的家庭吗？的确，在很多人看来，这个家庭梦想板就像是一碗心灵鸡汤。

很多内容与我们当时的情景好像遥不可及。2008年，二胎都不太多的时候，两个80后学渣夫妻居然说以后要三个孩子，是不是疯了？事实上，从后来的婚姻生活来看，我们都在按照这个方向往前走，我们的家庭文化真的是持续不断地学习、进步、成长。

10年下来，我们始终围绕这个家庭梦想板，规划我们的家庭以及个人的生活方向。两个人可以同心合意地一起做事情，也与这个梦想板有着极其重要的关系。它让我们两个人有了共同的家庭愿景：一起往前走。

如果希望孩子们未来成为这样的人，我们需要成为什么样的人？现在需要做些什么？怀孕期间我们该怎么分工？月子里怎么分工？如何行动？……有了这些共同的认识之后，两个人才都会有参与感，爸爸妈妈才会各自承担起自己的责任。如果像传统的家庭那样，一个人指挥，一个人服从，就容易出现爸爸参与度很低，或者非常被动地听着妈妈调遣的家庭关系模式。

我和先生的合作方式更像是公司的合伙人，我们会一起规划未来的目标以及行动方案。以养育孩子为例：首先，我们会一起讨论希望孩子未来成为什么样子？18岁成人的时候，要具备什么品格？哪些习惯？哪些特质？哪些技能？

……最终，我们有了养育孩子的目标：我们希望孩子们18岁的时候可以成为诚实守信、有勇气、有热情、有信仰、有合作精神、身体健康、适应能力强、有独立思考能力、有一技之长、可以成为一个称职的配偶、可以设定并完成目标的成年人。

其中的每一个内容，我们都会进行分析，并最终形成行动方案。例如：如何成为一个称职的配偶？我们认为至少要做到以下四个方面：

1.会选择适合自己的另一半；

2.会处理各种家庭关系，包括：夫妻关系、亲子关系以及各类姻亲关系；

3.会教养孩子；

4.可以承担家务。

如果希望孩子做到这些内容，先生至少要做到以下这些内容：

1.做一个榜样，与妻子有亲密的关系，让孩子们看到夫妻是如何相处的；

2.尽量每天花时间陪孩子们，例如早起一起做早餐，送他们上学；

3.晚上减少应酬，回家陪他们吃饭聊天，一起学习、娱乐、讲睡前故事……

4.每个月有单独约会的时间，带他们去游乐场、高级餐厅，听他们说说自己的心里话，不做任何评价地听……

有了这些内容，先生会在每个月的计划表中填上这些内容，每天晚上18:00~21:00，陪孩子写作业、讲故事。周末带孩子约会（一对一或者一对二），一起玩儿桌游、聊天……

通过这些行为，先生与孩子们有了良好的关系，帮助孩子建立了安全感，在这个过程中，孩子们也降低了早恋的倾向。

养育孩子的目标中还有："诚实守信、有勇气、有热情、有信仰、有合作精神、身体健康、适应能力强、有独立思考能力、有一技之长……"为了帮助孩子们成为这样的人，我们都会有类似的讨论过程，让我们的日常行动越来越贴近我们的目标。

例如，培养孩子的适应能力，先从饮食习惯做起，孩子们开始吃食物泥的时候，我们就会让他们尝试不同的口味，长大后，我们也做各种食物，东北菜、粤菜、西餐、东南亚餐……等他们长大以后，无论去哪个国家都可以很快地适应当地的饮食习惯，不会因为不适应食物而发愁。

有独立思考能力。当他们上幼儿园以后，我们会让他们自己选择喜欢的事情，自己搭配衣服，自己决定看什么书、什么动画片……上小学后，让他们自己安排课外时间，在家庭会议上参与家庭事务的决策，制订出行计划。

当我们一起商量完这些内容后，先生参与养育孩子的时间越来越多，从老大开始，我们基本没有在养育孩子的事情上有过什么争执，我们有共识，每个人都知道自己该做什么。

几年后，先生去读了一个商业领导力的MBA。有一天，他特别激动地跟我说：这几天我们一直在讨论如何建立高参与度的团队。其中最重要的原则就是在制订愿景、规则的时候，让团队核心成员一起参与讨论，最终形成方案后，团队核心成员在此基础上再协商如何分工，这样才能激发大家的热情。我们最初的家庭梦想板就起到了这个作用。的确是这样，我们后来一起参加了很多课程，不间断地学习，包括先生读研究生，这都和家庭梦想有关。

我们的基本轨迹都是以家庭梦想为蓝本的，然后在此后的过程中一点点修订，就好像指南针一样，家庭梦想板给了我们非常大的帮助。当然，随着生活内容的展开，我们也会做一些调整。比如，我在实际生活和原定的家庭梦想之间做出了比较多的调整，我本来写了比较多工作方面的内容，但后来都慢慢转到以家庭为主。

04 性格密码，让不同的个性成为协作的优势

另外，妈妈们还需要了解，丈夫并不是全能的，即便有了上面的分工，也不意味着什么都能做好。我们要有这样的心理预期。

因为每个人都有自己的个性，有些人擅长做规划，有些人擅长看细节，有些人擅长关心人，有些人擅长做事情……我们要根据不同的特点，有效分工，这样夫妻之间才能配合得越来越好。

我和先生也是如此，我们从谈恋爱的时候就习惯于用各种

性格测试工具彼此了解，我知道有些妈妈会感觉很怪，不是都在职场才做这些吗？为什么在家里也要这样做？累不累啊？这就是我们的相处方式，各种性格测试也是我们日常话题中的重要内容。

通过学习和沟通，我们可以了解彼此的差异，了解人与人之间的不同；也可以接纳差异，对彼此有一个相对合理的期待；最后是应对差异，用让对方舒适的方式沟通、交流，也可以在分工中做更适合自己的事情。这里给大家介绍一个相对比较简单的工具：DISC，如图4-4所示。

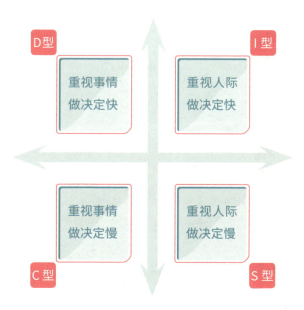

图4-4　DISC性格

DISC是一款比较常见的性格测试工具，20世纪20年代，美国心理学家威廉·莫尔顿·马斯顿创建了一个理论。他采用了四个他认为是非常典型的人格特质因子，即 Dominance －支配，Influence －影响，Steady －稳健，以及 Compliance －服从。而 DISC，则代表了这四个英文单词的首字母。在 1928 年，马斯顿博士正是在他的《正常人的情绪》一书中，提出了 DISC 测评，以及理论说明。

高 D 型特质，如表 4-1 所示。

表 4-1　高 D 型特质

高 D 型特质	可以称为是：大哥、霸道总裁
描述性词语	积极进取、争强好胜、强势、爱追根究底、直截了当、主动的开拓者、坚持意见、自信、直率……
在情感方面	D 型人一个坚定果敢的人，酷好变化，喜欢控制，干劲十足，独立自主，超级自信； 可是，由于比较不会顾及别人的感受，可能显得粗鲁、霸道、没有耐心、穷追不舍、不会放松； D 型人不习惯与别人进行感情上的交流，不会恭维人，不喜欢眼泪，匮乏同情心
在工作方面	D 型人是一个务实和讲究效率的人，目标明确，眼光全面，组织力强，行动迅速，解决问题不过夜，果敢坚持到底，在反对声中成长 但是，因为过于强调结果，D 型人往往容易忽视细节，处理问题不够细致 爱管人、喜欢支使他人的特点使得 D 型人能够带动团队进步，但也容易激起同事的反感
在人际关系方面	D 型人喜欢为别人做主，虽然这样能够帮助别人做出选择，但也容易让人有强迫感 由于关注自己的目标，所以，D 型人更看重的是别人的能力是否能帮助自己完成目标 喜欢控制别人，不会说对不起

姜先生就是一个典型的高 D 型特质的人，他的优点就不用说

了，勇于承担责任，行动力强，在家庭事务方面，我真的很省心，因为都是他在推动，不断地突破和前进。但结婚头几年，有几个地方是真的很让我心焦。

第一，他真的特别粗心。每次做完饭，厨房都像遭了劫一样，我都要收拾很长时间；照顾孩子也是粗手粗脚，有一次换尿布居然把老四的脖子扭伤了，孩子带了一个月的矫正器才好。

第二，他的沟通方式太过激烈，我实在是有点儿适应不了。在我的观念中，想好好过日子就得好好说话，如果说话激烈或者拍桌子瞪眼睛就等于要离婚了。可是他却觉得很正常，他认为这是解决问题的方式之一。直到结婚8年后，我才逐渐适应这样的沟通方式。但是。我每次都需要反复告诉自己：这是他的沟通方式，他在说事情，不是针对我。

第三，完成事情的时间。在他的观念中，只要两个人都认同的事情，第二天就要看到变化，一周就要产生结果，否则就是我不上心。马上行动，马上改变，这怎么可能？对我来说，这些都是以年为单位计算的啊！

面对D型的丈夫最有效的方式就是示弱："我们家遇到了困难，我们一起想想办法？"或者提出我们的需要："我今天真的很累，你把碗刷了吧。"或者提出二选一的方案："我琢磨出两个方法，你觉得哪个好？"总之，要让他们感觉自己可以掌控环境，掌控家庭生活。

在跟D型的丈夫聊家庭愿景的时候，我遇到最大的挑战就是，有可能他不会妥协，希望按照自己期待的方式规划家庭生活，这一点还需要妈妈们付出耐心。不过一般D型的配偶都是S型，也许正好需要D型的丈夫帮忙拿主意。

高I型特质，如表4-2所示。

表4-2　高I型特质表

高I型特质	可以被称为：老顽童、娱乐狂人、社交大使
描述性词语	有影响力、有说服力、友好、善于言辞、健谈、乐观积极、善于交际、自来熟
在情感方面	I型人是一个情感丰富而外露的人，由于性格活跃，爱说，爱讲故事，幽默，彩色记忆，能抓住听众，常常是聚会的中心人物 是一个天才的演员，天真无邪，热情诚挚，喜欢送礼和接受礼物，看重人缘 情绪化的特点使得他们容易兴奋，喜欢吹牛、说大话，天真，永远长不大，富有喜剧色彩 但是，似乎也很容易生气，爱抱怨，大嗓门，不成熟
在工作方面	I型人是一个热情的推动者，总有新主意，色彩丰富，说干就干，能够鼓励和带领他人一起积极投入工作 同时，I型人似乎总是受情绪左右，想哪儿说哪儿，而且说得多干得少，遇到困难容易失去信心，杂乱无章，做事不彻底，爱走神儿，爱找借口 喜欢轻松友好的环境，非常害怕被拒绝
在人际关系方面	I型人容易交上朋友，朋友也多。关爱朋友，也被朋友称赞。爱当主角，爱受欢迎，喜欢控制谈话内容 可是，喜欢即兴表演的特点使得I型人常常不能仔细理解别人，而且健忘多变

一位妈妈这样评价自己的先生：

　　吴先生就是I型特质的人。在家里，他和家里的其他亲人沟通交流得非常好，经常与他们在一起攀谈，谈话的氛围很活跃，有他的地方就是一片欢声笑语。家里人特别喜欢他的一些言语，一家人凑在一起时，只要有他在，绝对不会存在尴尬的场面。

他还是一个很优秀的主持人，经常负责单位的主持工作，根据这一特长，他已经做了20多年的婚庆司仪。在婚礼主持的过程中，他风趣而幽默，台风落落大方，经常得到下面客人们的赞扬。

但最让我心焦的是他的老顽童性格，永远也长不大，思想灵活性太强，例如做早饭的问题，头一天晚上决定好了吃面条，第二天早晨他就变成了喝豆浆，可一会儿又说不吃豆浆了，还是吃面条儿吧……总是反反复复，无论小事儿还是大事儿，都要翻来覆去地掂量好几遍。

他最不擅长的是做家务。有一次他弄花土，结果满地都是沙子和土，他怎么收拾的呢？两只脚站在沙堆里，两只手从外往里擦地面，等人从沙堆里出来时，两脚的泥巴弄得满地都是。

面对I型特质的先生，最有效的应对方式就是夸奖，大夸特夸，用各种极端的形容词：超级、最好、绝对……只要经常夸他们，经常耐心听他们说说他们的奇思妙想，他们就会愿意跟我们一起做家务，虽然很多I型的人不太擅长。

另外，I型的丈夫会非常愿意跟我们一起讨论家庭愿景，他们也许会口若悬河地说上几个小时，会说很多你意想不到的内容，别着急否定他们，找一两个觉得正确的，鼓励他们行动起来。当然，对他们也不要有太高的期待，毕竟他们更擅长策划，而不擅长执行。

高S型特质，如表4-3所示。

表4-3　高S型特质

高S型特质	可以被称为：老好人、暖男、和事佬
描述性词语	可靠、深思熟虑、亲切友好、有毅力、坚持不懈、善倾听者、全面周到、自制力强、较为平和、知足常乐、不愿意主动前进
在情感方面	S型人是一个温和主义者，悠闲，平和，有耐心，感情内藏，待人和蔼，乐于倾听，遇事冷静，随遇而安 S型喜欢使用一句口头禅："都行"。这个特点使得S型总是缺乏热情，不愿改变
在工作方面	S型能够按部就班地管理事务，胜任工作并能持之以恒。奉行中庸之道，平和可亲，一方面习惯于避免冲突，另一方面也能处变不惊 但是，S型似乎总是慢吞吞的，很难被鼓动。懒惰，马虎，得过且过。由于害怕承担风险和责任，宁愿站在一边旁观。很多时候，S型总是焉有主意，有话不说
在人际关系方面	S型是一个容易相处的人，喜欢观察人、琢磨人，乐于倾听，愿意支持 可是，由于缺少热情，所以S型很难被激励，也可能显得比较冷漠，被动

我的一位好朋友这样形容自家高S型特质的先生：

在家庭生活之中，他是标准的暖男，做得一手好菜，家务活大包大揽，将我和孩子的事情都列在重要事项清单里。愿意花时间陪伴我们。

这一类型经常将感情内敛。在生日或周年庆时收到礼物或惊喜，嘴上只说"感谢"。从表情上，看不出来他有多高兴或惊喜，实则内心特别开心。很多时候我只想说："亲爱的，我觉得你不爱我了。"

因缺少仪式感让我们多数的节假日、纪念日毁灭在尬聊之中。比如，元宵节时，我说："元宵节啦，我看中一个小熊元宵，特别可爱！"先生说："热量太高，也不好消化，再说里面添加剂也不少……"中秋节时，还没等我张口，先生就下达指令："别买月饼了吧，那东西没什么意思！"

先生最近跳槽到了新公司，虽然他参加工作都15年了，但入职新公司还是很紧张。因为广告公司里的职员都比较有个性，先生害怕与同事发生冲突。在与同事交流时，他非常谨慎，基本只谈工作不闲聊。

表面上看似容易相处，但他觉得处理礼尚往来特别耗费时间和精力，所以没什么知心朋友。划重点——你和他的感情深不深，就看他能不能为你"铁杵磨成针"。

面对S型的丈夫，最有效的方式就是以温和的方式提出我们的需求，并且可以把要做的事情分成可执行的步骤告诉他们，这样的话，也许他们的行动力会快很多。

如果要跟S型的丈夫一起规划未来的家庭愿景，也许是一件比较困难的事情，尤其是最初几次，他们可能会说："你说了算""都听你的""你说怎么办都行"……其实，这不一定是真心话，他们可能会有自己的想法，只不过不愿表达，因为担心与你发生冲突，最初几次沟通，我们可以尝试只听，不做任何评价，多探讨，多沟通，也许会有更好的效果。

高C型特质，如表4-4所示。

表 4-4　高 C 型特质

高 C 型特质	可以被称为：专家、完美主义者、纠察队长、纪检主任
描述性词语	遵从、仔细、有条不紊、严谨、准确、完美主义者、逻辑性强
在情感方面	C 型人是一个性格深沉的人，严肃认真，目的性强，善于分析，愿意思考人生与工作的意义，喜欢美丽，对他人敏感，理想主义 但是，C 型人总是习惯于记住负面的东西，容易情绪低落，过分自我反省，自我贬低，离群独居，有忧郁的倾向
在工作方面	C 型人是一个完美主义者，高标准，计划性强，注重细节，讲究条理，整洁，能够发现问题并制订解决问题的办法，喜欢图表和清单，坚持己见，善始善终 但是，C 型人也很可能是一个优柔寡断的人，习惯于收集信息资料和做分析，所以，在实际工作中显得过于谨慎、保守 容易自我否定，因此需要别人的认同。同时，也习惯于挑剔别人，不能忍受别人的工作做不好
在人际关系方面	C 型人一方面在寻找理想伙伴，另一方面却交友谨慎。能够深切地关怀他人，善于倾听抱怨，帮助别人解决困难 但是，C 型人似乎始终有一种不安全感，以至于感情内向，退缩，怀疑别人，喜欢批评人事，却不喜欢别人的反对

另一位朋友这样评价自己 C 型的丈夫，这些描述可谓丝丝入扣：

就拿买东西来说，他可是一把好手，先做品类研究，找到判断标准，然后找符合需求的产品，对比品质功能和价格，最后综合答案买一个回来。

工作也是一样，对自己对别人都很严格，但还是对自己要求更严格一点儿。如果是专业以外的领域，就会焦虑于自己拿不定主意。

他确实是一个很认真的人，这也是最吸引我的地方，感觉特别有安全感。他对伙伴和朋友的坚定认同，对自己做的事情的笃定，也会让人觉得特别有安定感。

当然，我们也会讨论很多疑难问题，他时常会有一些非常深刻的洞见。有意思的是，他已经在寻找一种方式去表达这种质疑与洞见。他在尝试把所谓的"负面"，变成资源。

最让我焦虑的事情是自己没有做好应该做到的事情，虽然他从没表达过不满意，但是基于他的认真，我倾向于肯定会有些不满意的时刻，只是被他包容掉了而已。

他最不擅长的事情可能就是多线程的事情，因为对一件事会极度专注，多线操作的压力就会非常大。但你让他降低标准又特别难，所以在能抉择的时候他一定会舍弃一些什么，但生活有时候是没有余地的，除了更好的排序，他也在努力平衡这些事情。

因为知道自己会比较消极，所以他会去平衡自己的标准和要求，这可能就是秉持完美主义的他希望成为的样子。

还有一位妈妈这样评价自己的C型丈夫，也很有代表性：

在生活中，他需要把每一件事情都按时间顺序安排好，任何事情都要有计划，比如周末带孩子出去玩儿，他会问："你预计几点出门？几点到游乐园？玩儿多久？然后几点回家？加上路上堵车的时间，预计几点到家开始做晚饭、吃饭？儿子几点钟上床睡觉？……"

前几天的一个晚上，他7点15分的时候对4岁的儿子说："儿子，现在距离你8点半上床休息时间还有一个多小时，给你几个选择，你可以选择拼乐高玩一会儿，或者敲鼓，或者和爷爷视频聊会儿天，或者边洗澡边洗玩具，或者讲睡前故事。5件事情中，你可以选3种。"

我当时的第一反应是让一个4岁的孩子同时理顺5件事情的逻辑，要求太高了。最后，我帮儿子选择了3件事情的顺序，给孩子讲完睡前故事。我从儿子的房间出来后，他看了一眼表，9点过1分，于是对我说："你超时了31分钟。"

不过有些时候，这样的时间规划观念也是他的优势。譬如，我们出外旅行的时候，他经常会安排早上早点出门，一般希望我们8点半就可以进入景区，这样我们就能避免9点钟左右的排队人流。

在生活中，他总会提醒你，你曾经因为某事尝到过苦头，你今天这样做依旧会失败。他会无数次地提醒你，从来不会想，也许这一次这样做，说不定会有转机。可是，他从来不会做。时间久了，这样的举动就会让你垂头丧气，甚至焦虑不堪。比如，你想出去旅行，有没有计划好一切？有没有提前买票？你是排队等候还是换时间再去？如果排队人超级多，还排不排？耽误的时间怎么安排……一系列的问题让你焦虑不堪。

说到不擅长的事情，我认为，拥有这样特质的人通常不擅长提出解决方案，他们会揪出你问题中的漏洞，但是你问他该怎么做，他就会双手一抬，告诉你："我不知道。"

面对C型的丈夫，最有效的沟通方式就是以数据、逻辑为依据来阐述你想要表达的事情，情绪不要太激动，否则他们会果断拒绝沟通。

如果和C型丈夫讨论未来的家庭愿景，最好的方式就是给他们一些时间来思考，问题罗列得更细致一些，有一些资料或者案例可以参考，在经过几番讨论以后，才可能形成彼此都认同的愿景。

看完上述的描述之后，你是不是能在其中找到自己先生的影子？你是不是已经发现，不只是你一个人在面对这种死活不开窍的人。是的，在有些领域，某个特质的人可能一生都不开窍。**有些时候，非要逼着他做不擅长的事情，那必然是一件耗时耗力的事情，即便这样，也未必能够做到我们满意的程度，与其这样，不如鼓励他们做好他们擅长的事情。**

我们可以通过表格横向对比一下，如表4-5所示。

表4-5　DISC性格类型对比

个性	D型	I型	S型	C型
基本倾向	快步调 任务导向	快步调 人际导向	慢步调 人际导向	慢步调 任务导向
优点	行动果断 主控 重成效 自信 独立 爱冒险	有情趣 有参与意识 热忱 情绪化 乐观 善沟通	耐心 随和 有团队精神 心态平稳 稳重 好下属	精确 善于分析 注重要点 高标准 重细节 自控力强

个性	D 型	I 型	S 型	C 型
劣势	没耐心 直白 尖刻、鲁莽	欠条理 不拘小节 不现实	优柔寡断 过于妥协 被动、敏感	吹毛求疵 完美主义倾向 好讽刺
沟通	单向（他说你听） 直白 重结果	积极 激励人心 能言善道	双向 最佳听众 坚定有力 善于回应	机智圆滑 观察入微 重视细节
恐惧	被利用	失去社会的认同	丧失稳定性	被打扰
爱的语言	佩服	接纳与赞同	欣赏	肯定
压力下的表现	专制独裁 侵犯 要求	情绪失控 （一般会避免正面冲突）	默默承受 忍气吞声 配合	逃避、退缩 准备还击
做决定方式	迅速 重绩效	冲动 凭感觉	人际关系上 信任他人	犹豫不决 需要大量信息
最大的需求	挑战 变化 选择 直接答案	娱乐活动 社会认同 从细节中解脱出来	稳定性 适应变化的时间 真诚的接纳	足够的时间来完成任务 事实真相 分析的时间
如何振奋	体能活动	社交时间	闲暇时间	独处时间

当然，也有更复杂的工具，例如：九型人格、MBTI……如果大家有兴趣，可以到网上搜索，有各种各样的相关课程可以学习。无论哪种工具，都是为了帮助我们了解彼此，让我们可以更好地相处。

每个人的个性都是有局限的，不可能看到事情的全部维度，就像盲人摸象一样，我们都有自己的局限，我们仅仅能反应事情真相的一部分，不可能是全部，我们需要另一半跟我们一起配合，才能把事情做得更好。

每个人都是天使与魔鬼同存，有优点就会有缺点，我们在享受他们的优点的同时，也要接纳和包容他们的缺点。我们在享受霸道总裁的照顾时，也要承担他的一些控制欲和滞后的情感；我们在享受老顽童的幽默和创意时，也要接纳他们说得多做得少；我们在享受暖男的细心、平静的同时，也要承担他们的被动，不求进取；我们在享受专家的分析得当时，也要承担他们的挑剔、批评以及谨慎。

　　所谓"江山易改，本性难移"，有时候真的没办法改变，我们能做的就是补足对方的不足，而不是挑剔。而且要随时准备好为另一半收拾残局。

小结 & 本章实用表格

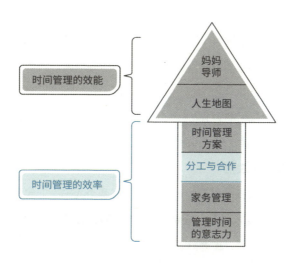

本章的重点就是让夫妻可以更好地配合，让我们的家庭生活更有效率。为此，我们要从以下三个部分来做准备：

第一，建立合理的家庭秩序，也就是要明确到底谁是一家之主；

第二，形成共同的家庭愿景，也就是夫妻一起努力的方向；

第三，讨论彼此的分工合作，也就是根据家庭成员各自的特长，都要承担哪些家庭事务。

要知道，只有形成这样的合作模式，妈妈们才会有属于自己的时间，否则，我们会被家庭生活占得满满的，根本没有精力去做其他的事情。

通过这三个层面的努力，我和姜先生的配合越来越默契，正因为如此，我们的生活效率也越来越高，在同样的10年之中，我们可以养育五个孩子，还一起创业、一起学习、一起服务社群……

用姜先生自己的话说："我真的没有什么特别的，只是比较幸运，做了正确的事情而已。"所以，我相信，如果妈妈们能够耐心与爸爸们沟通，建立合理的家庭秩序，一起形成共同的家庭梦想板，再一起讨论如何实现……最终，每个妈妈都可以有更多的时间去做属于自己的事情。

本章实用表格

夫妻二人找个安静的地方——只有两个人——一起讨论下面这张表格。或者每个人分别填写下面的表格，然后再一起讨论，找到共同的地方，最终形成共识。

家庭愿景调查表（如表 4-6 所示）

表 4-6　家庭愿景调查

问题	丈夫	妻子
你希望如何跟别人介绍自己的家庭？		
当你老了以后，如何跟孙辈介绍和另一半的一生？		
你希望自己的墓志铭上写点儿什么？		
你觉得（希望）我们的家庭与别人的家庭有什么差异？		
60 岁的时候，你希望另一半如何评价你？		
你如何定义一个成功的、有意义的人生？		
你希望孩子 18 岁的时候成为什么样的人？拥有什么样的品格？		
如果让身边的朋友生活有所改善，你会做些什么？		
到目前为止，你认为最需要坚持做下去的事情是什么？		
不需要考虑钱的情况下，你未来五年会做什么事情？		

在讨论前，最好自己可以试着填写以上表格，然后把两个人共同的地方用荧光笔标识出来，这些共同点就是形成家庭愿景的基础。切记不要想着一次就能完成，这是一个非常漫长的过程，也许需要几个月的时间反复思考讨论，通过这个过程，彼此之间的了解也会越来越深入。

家庭愿景（如表4-7所示）

表4-7　家庭愿景

丈夫：	妻子：
完成日期：	

我们的使命

我们的价值观

我们要做哪些重要的事情

DISC测试表（如表4-8所示）

以下共有10道题，每一题有四项选择，在这四项选择中，在你认为最能描述你的词句后填4分，比较像填3分，有时候像填2

分，最不像填1分，每一题中分数不能相同，每个分数只能出现一次。**认真读题！认真读题！认真读题！**

10道题都完成后，将每一栏的分数相加。最高分就是你的主导性格，次高分则是你的次要性格。

表 4-8　DISC 测试

	第一栏（D）	第二栏（I）	第三栏（S）	第四栏（C）
1题	很有权威	热情主动	情感敏锐	重视指示
2题	掌握主动	爱好冒险	忠于所托	讲求准确
3题	意志坚定	目标远大	冷静稳重	坚持一贯
4题	雄心壮志	滔滔不绝	循例行事	可预测的
5题	具有竞争力	乐于推广	不好改变	讲求实际
6题	挑战困难	善于社交	乐意配合	注重事实
7题	要求成果	欢乐开朗	避免对立	谨慎小心
8题	勇往直前	喜爱变化	具同情心	完美主义
9题	果断坚决	想到就做	顾念他人	精益求精
10题	坚持己见	激励启发	和平调解	善于分析
	总分 =	总分 =	总分 =	总分 =

我的最高分是_____（如果有同分，请用直觉选择一个）

147

我和他的个性（如表4-9所示）

表4-9　夫妻性格

	我的个性是	配偶的个性是
	□ D □ I □ S □ C	□ D □ I □ S □ C
优势		
劣势		
有哪些沟通要点需要注意？		
你们在哪些方面是互补的？	在家庭事务中有哪些是你比较擅长的事情？哪些是 Ta 比较擅长的事情？	
哪些差异会引起你们的摩擦与冲突？	在家庭事务中你需要另一半体谅并且补足你的劣势？ Ta 有哪些？	
你们希望未来如何应对这些隐患？	在哪些方面你需要上帝特别的怜悯，帮助你战胜自己的软弱？	

第五章

学会制定妈妈独特的
时间管理方案

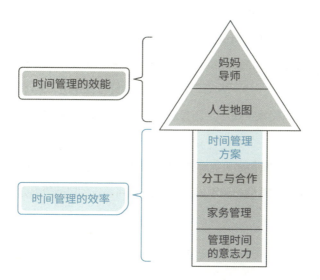

　　时间管理方案，就是通过合理地安排自己的日常生活，从而一步一步实现个人生活目标的过程。要想制订一个有效的、可执行的时间管理方案并不容易。尤其对于一个闲散惯了的全职妈妈来说，更是要付出很多精力。

　　妈妈们真的可以主动地规划自己的生活，而不是被动地跟着孩子们的时间和需要行动，虽然很多时候还是受制于孩子们的上下学时间。至少我们要开始尝试把自己的使命宣言和家庭愿景落实到生活中的每一天，积少成多，这会给我们的生活带来巨大的改变。

　　制订一个可执行的时间管理方案，首先要制定一个全年的目标。说到制定目标，大家并不陌生，每次新的一年开始的时候，我们在朋友圈里就能够看到各种"必须实现"的目标，有减肥的，有考各种证的，有学英文的……三个月以后，由于忙碌的工作和生活，大部分人都把当初制订的目标抛到九霄云外了。

　　出现这样的情况，一方面可能是我们在制定目标的时候，没有认真思考它是否合理，是否与我们期待的生活关联度很高，是否可实现。另一方面，也可能不是我们制定的目标不合理，也不是我们缺少决心，而是缺少了一个非常重要的步骤——拆解任务。

　　最后，我们要把拆解完的任务安排到自己的时间表里，再推演几次，这样才能确保我们可以制订出可执行的时间管理方案。

01 用"生命之轮"找到最需要改变的领域

　　其实，制订目标的过程应该是一个深思熟虑的过程，并不是头脑一热想出来一个吸引人的数据。那到底该如何确立我们的目标呢？这么多领域，我们要如何选择呢？

《习惯的力量》一书中介绍过一个概念——核心习惯。有一些习惯具有引起连锁反应的能力，当它们扩展到整个组织时，会引起其他习惯的改变。

换言之，一些习惯比其他习惯在重塑商业和生活方式上更有影响力，它们就是核心习惯，它们影响着人们的工作、家庭生活、娱乐、消费和沟通方式等各个领域。最重要的习惯是根据自身变化，驱动和重塑其他行为模式的习惯。

我们的生活也是如此，要改善当前的生活状况，并不需要做很多的事情，而是需要选择一些重要的优先领域，并将其变成有力的杠杆，撬动其他领域一起改变。

对，我们要先找到那个最重要的领域，一旦改变，它会带动生活中的其他部分随之发生变化。这就是我们生活中的关键领域，那么我们如何找到这个关键领域呢？我们要借助我在教练课程中学到的一个最重要的工具——生命之轮。

生命之轮是一款教练工具，可以让我们快速了解自己现在的生活状态。它实质上是把我们的生活看成一个圆圈，然后再把这个圆圈分为几个部分——通常是8个部分，它们代表着我们生活中的关键领域。当然，每个领域都扮演着属于自己的角色，可以跟我们个人的使命宣言产生联系，如图5-1所示。

图 5-1　生命之轮

　　从个人的角度出发，这是生命之轮最常见的8个部分，同时，我们也可以根据自己的需要补充其他的内容，例如：娱乐（兴趣爱好）、视野（旅行）等。

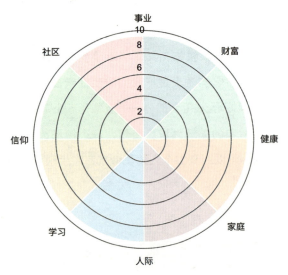

图 5-2　生命之轮评分等级

每个领域都有1~10的评分等级，如图5-2所示。接下来，我们可以根据自己当下的状态进行评分。1是最低分，10是最高分（也就是最接近我们上一章描述的个人使命宣言）。对每个分段进行评分后，在圆圈上标出分数并连接每个点。最后，我们将获得一个图，它可以直观地展示你在生活中的表现，如图5-3所示。

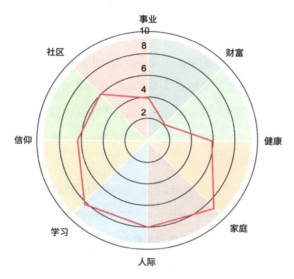

图5-3　个人领域雷达分析

事业，对当前的事业是否满意？是不是有持续不断的热情？当前的状态距离自己的预期还有多远？包括：职位、晋升空间、薪酬等。

财富，它不仅仅是银行卡上的数字，或者每个月的钱是不是够花，更重要的是要看我们是不是有意识地在管理自己的资产？是不是使资产不断增值？

健康，一提到健康，大家首先可能会想到身体，体重的数字只是其中的一个部分，我们也要关注身体的各个指标，是不是经常锻炼？是不是经常发脾气、生闷气、抑郁？是不是压力过大……

家庭，在家庭里，我们至少有三个角色——妻子、母亲、女儿。在课程中，我经常发现大家会忽略妻子的角色，尤其是在有了孩子之后。很多人会有一种错觉，认为只要是血缘关系或者是夫妻关系，自然而然就会拥有亲密关系。

血缘关系和亲密关系其实是两回事儿，也就是说，就算我们有血缘关系，就算我们曾经深爱过彼此，但是没有持续用心去经营、维系，我们也不能把血缘关系转换成亲密关系，原本亲密的夫妻关系也会随着时间渐渐疏远。如果希望我们的婚姻、亲子之间形成亲密关系，的确需要我们花时间去经营。就像我们经营同事、客户关系一样。

人际，其实人际关系是我们很好的评估自己成长和改变的指标。妈妈们可以想一想，近10年内，我们有没有新的闺密？有没有融入新的社交圈子？有没有建立新的人际关系？念旧固然是好事儿，但从另一个角度看，我们的生活可能没有什么变化和成长。

要想成长，我们必然会接触不同的人，就像我们从初中升入高中再升入大学，再进入职场，我们都会认识新的朋友。当我们的思想随着阅历、能力不断提升的时候，我们身边的朋友必然会发生改变，也许不是有意识的"遗弃"过去的朋友，只是我们要走的路变得越来越不一样。有些时候，也是因为我们认识了一群新的朋友，然后我们的生活也随之发生了改变。因此，人际关系是改变我们生活的动因之一。

学习，我身边很多妈妈说，自从高考结束后，看到"学习"

这个词就头疼。这里的学习指的是有目的、跟自己的使命愿景有关系的学位考试、认证、阅读、看音视频课程等。终身学习，它在很大程度上会拓展我们的能力，让我们在未来有更多的选择。

信仰，它可以是某种信念，它需要解决三个终极问题：从哪里来？来干什么？死后去哪？这关乎我们拥有什么样的三观。尤其是"来干什么"，搞清楚这件事儿，其实会影响我们这几十年为什么而工作、生活。即使我们有了信仰，也要不断地花时间去学习，让信仰可以真正地在我们身上发挥作用，而不仅仅是口头上的承诺而已。

社区，在这里，我想鼓励妈妈们不但要加入社区，还要尽可能地参加社区的服务，付出自己的时间甚至金钱。我们的生命就像一潭湖水，如果这潭湖水只进不出，时间久了，湖水就会变质，里面的生命也会慢慢地死掉。水有进有出，流动起来，才能保持生命的活力，就像大海或者江河。我们的生活也是如此。

当我们每天陷入日常生活的琐事之中，长时间专注于工作时，很难有意识地关注生活中的其他重要领域。生命之轮最大的价值是把我们的生活分领域并且视觉化。

很多妈妈看到这些领域可能会想到一个问题：为什么非要这么多领域？为什么要把自己搞得这么累？我觉得只要做好三四个领域的事情，就挺好的了。

是的，每个人都可以按照自己的情况去设定生命之轮的维度，重要的是，清晰自己想要的就好了。

打分之后，我们可以用不同的颜色给打分的区域涂色。然后我们把手里的这张图拿的稍微远一点儿，去观察我们的生命之轮，看看自己会有什么样的觉察。至少可以问自己两个问题：我的生命之轮可以顺畅地滚动吗？如何让我的生命之轮转动得越来越流畅呢？

接下来，想一想如果你可以去提升其中的任意一个领域，这个领域的改变可以带动其他领域的改变，为了让我们的生命之轮滚动得更加流畅，你会从哪个领域着手改变呢？

有了答案后，可以再继续追问自己：当我提升这个领域的时候，是否会给其他的领域带来变化？会有怎样的变化？为什么会有这样的变化？

最后一组问题：如何去提升这个领域？我都需要做些什么？从今天开始，最重要的第一步是什么？

以我自己为例，再给大家描述一下这个过程。图5-4是我2019年参加教练课程的时候完成的。从这张图也能看出来，事业、财富……对于刚刚回到职场的全职妈妈来说，给自己打4分就算是高分了。

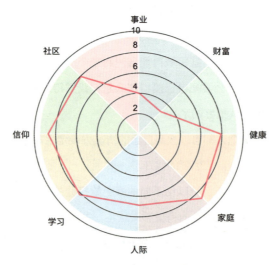

图5-4 2019年馨悦个人领域雷达分析

从这张图可以看出来，接下来的一年，我最应该努力的领域是事业和财富，相比之下，事业肯定是更为重要的。一旦事业有了更好的发展，财富肯定会增加，也可以接触更多的人，扩大人际交往范围。

事业上的提升也会给我带来更多的价值感，让我更加有信心，可以更好地完成自己的使命。从这几方面来看，事业的确是最重要的领域，我可能需要把大部分的时间精力都放在这一部分。

当然，我也担心这两个领域受到的影响，比如：健康。也许没有那么多时间睡觉了，这对我是一个巨大的挑战，因为我是一个特别爱睡觉的人。我的家庭可能也会受到影响，陪伴孩子的时间可能会有所减少，我需要提前跟家人们做好沟通。

如果要发展事业，接下来我要做三件事情，一是要拿到ICF认证的PCC教练资格，成为国际教练协会婚姻和亲子领域高级教练；二是要完成书籍的出版和音频课程的录制；三是要尽可能做公号的线下活动或者直播课程，至少每个月2次。

每个妈妈的生活重心都不同，我们遇到的挑战也不一样，填出来的生命之轮也会有很大的差异，最重要的是生命之轮可以帮助我们找到当前最需要改善的领域。当我们制定目标的时候，首先要从这个领域考虑，要给这个领域留出充足的时间。

虽然生命之轮分为8部分，但是并不是要我们同时改善，生命之轮可以帮助我们去思考如何找到自己生活中的关键领域，只要我们需要提高这个领域的分数，会连带着影响其他的领域一起提升。

尤其是对于职场妈妈来说，平时的工作就已经非常辛苦了，回家后又要陪孩子，精力真的非常有限，每年只需要专注于一个领域，然后认认真真地把它完成，几年下来，你会发现，我们的生活会发生翻天覆地的变化。

02 smart 五原则，设定未来一年可实现的目标

确定了关键领域之后，接下来就要围绕着这个领域来设计目标。要想制订一个合理的目标，首先要尽量符合smart原则，smart是五个英文单词的首字母组成的，它们分别是：明确的（Specific）、可衡量的（Measurable）、可达到的（Achievable）、相关的（Relevant）和时间限制的（Time-bound）。

明确性是指要用明确而具体的语言清楚地说明要达成的行为标准，在涉及次数的时候，应该使用明确的数值，而不能泛泛地使用"多次"或"迅速"等通用性词汇。

举例：

今年要多看几本书。改成：今年要看五本书，书名是⋯⋯

今年要多陪陪丈夫。改成：每月要跟丈夫单独约会一次。

今年要多陪孩子。改成：每天有质量地陪孩子1个小时。可以阅读、玩儿桌游、游泳。

今年要多开几次线下课程和直播课程。改成：今年要开12次线下课程和12次直播课程。

可衡量性是指目标的进度是可以跟踪的。如果一个目标的进度无法跟踪，或者说你也无法知道已经完成了多少工作，离最终

实现还有多远，那这个目标就会彻底无法管理。

我们常说：可以制订跳起来"摘桃子"的目标，但不能制订跳起来"摘星星"的目标。

"摘星星"这件事儿离现实太远了，肯定无法完成。我们需要从当前的自身情况、时间安排、精力状态出发，制定切实可行的目标。

举例：

陪孩子写作业（练琴）。改成：每天心平气和地陪孩子写作业（练琴）。

从1月份开始录音频课。改成：3月份完成音频课程的录制。

举例：

公号今年要写50篇文章，平均每周1篇。

今年要做12次线下活动，平均每月一次。

今年要积累200小时的教练时间。

设定的目标必须和自己的身份以及理想有关，如果你已经工作了，你的目标必须和工作岗位、工作职责相关联。

举例：

无论是累积教练时间的目标，还是录制音频课程的目标，它们都是围绕着今年的关键领域来制订的，具有非常强的关联性。

目标的时限性就是指目标的完成是有时间限制的。没有时间限制的目标没办法考核，它可能会带来考核的不公平。我们应该避免使用诸如"以后有一天"或者"最终"等不确定的词汇。

举例：

今年要跟丈夫出去旅行3天。改成：结婚纪念日和丈夫单独旅行3~5天。

每个月做预算。改成：每月最后一天晚上做下个月的预算。

这些例子都是我根据接下来一年的计划制订的，妈妈们也可以从自己的关键领域出发，制订自己的目标。

财富：1年内，希望达到的净资产数额是多少？如何学习投资知识？去哪学习？跟谁学习？学到什么程度？

朋友：是否要参加更多的社交活动？是否需要提高沟通的技能？是否可以参加一些提升个人形象的课程？

运动：1年内，体重要控制在多少？各种指标要达到多少？每周三次户外跑？参加北京半程马拉松？

孩子：身体状态如何？是否需要健身？改善一下生活习惯？学习一些新的育儿知识？

旅行：1年内，要去多少个国家？参观哪些景点？跟多少人交流？

社区：1年内，是否要参加妈妈社区的一些活动？要帮助多少妈妈？

家庭：是不是要生孩子？或者在未来1年，孩子们面对的最大的挑战是什么？我应该为他们提供哪些支持？当然，不同年纪的孩子需要面对不同的需求，在前面的章节中，我们已经做过介绍，这里就不重复了。

工作：1年内，要完成多少业绩？见多少客户？要升到更高的职位，我还需要完成哪些任务？

我们的大脑分为左右两个部分，左脑倾向逻辑，右脑倾向画面，如果要调动整个大脑，我们需要把目标视觉化，尽量把目标画成图画，贴在家里醒目的地方。接下来，我们还要不断问自己，为什么要完成这个目标？完成了这个目标，会给我的生活带来哪些改变？会对我的未来产生哪些积极影响？不断地在大脑中想象完成目标后自己美好的体验。

拆解任务

目标设立完成以后，还有一个特别重要的步骤，就是拆解任务，也可以说是画出实现目标的路径，分析实现目标所需要的资源。

我们用WOOP来分析我们的目标，如图5-5所示。

图 5-5　woop 目标分析步骤

接下来，以我本年度的目标为例，带着大家做一下尝试。

目标：你想要干什么？完成什么任务？比如说我希望一年内积累200个小时的教练时间。

结果：把目标具体化：什么时候？在哪？同谁？每周二、周四晚上20:30~22:30，在家里或者附近的咖啡馆，妈妈小组、公号粉丝。

障碍：这是面对现实的一步，看看现在距离这个结果有什么障碍。时间是不是充裕？是不是有其他人配合？需要付出哪些代价？对我来说，完成200小时最大的挑战是精力以及先生的配合，他可能要承担更多的家务。

计划：制订计划，先做什么？后做什么？再做什么？首先要跟身边的人分享我现在可以提供的一对一的教练服务，帮助大家规划自己未来的生活，经常在朋友圈里发一些自己的案例，在公号里发一些介绍教练的文章，为有需要的人建一个群，提前告知他们一些相关的信息，提前一周约下一周的教练时间……

然后，以我身边的一个妈妈的目标为例：

目标：在接下来的一年，她最主要的目标就是生老二。

结果：什么时候？在哪家医院？今年年底，去美国。

障碍：这是面对现实的一步，看看现在距离这个结果有什么障碍。接下来，她要考虑的问题是：身体情况，经济条件，居住环境，怎么坐月子？谁来承担养育责任？两个人怎么分工？帮忙的人手够不够？是不是要找一个妈妈导师？两个孩子之间的关系如何处理？……

计划：制订计划。接下来，夫妻二人坐下来一起协商，来解决各种障碍。并且把这些解决方案落实在每一天的生活之中。

当然，还有很多其他的工具也能帮助我们拆解目标，思维导图就是一个很有效的工具。它非常有利于人脑的扩散思维的展开。思维导图已经在全球范围得到广泛应用，新加坡教育部更是将思维导图列为小学必修科目，大量的500强企业也在学习思维导图，中国应用思维导图也有二十多年时间了。

无论你使用什么工具，一定要把制订好的目标进行任务分解，忽略了这一步，我们制定的目标完成的概率就会变低。

一旦开始执行目标，我们还要注意追踪，并且计算当前的成果。每个月的目标前进了多少？是否需要改变我们的策略或者行动方案？可以在每个月的30日给自己腾出两个小时时间，安静地坐下来检查目标的完成进度，把年度目标清单拿出来，开始计算具体目标：目前的进展是多少？已经完成了多少？

我为自己的教练时间制订了一个表格，每完成1个小时，我就填满一个空格，当这些空格都填满的时候，我的目标也就完成了，如表5-1所示。

累计教练时间200小时

时间：2019年11月~2020年12月

表 5-1　教练时间

假设你的目标是购买房子，这个表格就是攒首付款的过程，那你的进度又是多少？你是否已经确定好想要购买的地点，是否已经咨询过银行的贷款手续？是否已经计算好需要支付的首付，以及每个月的房贷？当你每个月追踪计算你的目标，并一步步系统化地向你的目标前进时，你每一天都会充满活力，知道每一个当下需要做的事情是什么，而不会毫无方向，像块木头一样到处漂流。

我们也可以请一个教练或者导师，把自己今年的目标分享给他们，邀请他们定期（一般是每个月一次）一对一汇报进度，讨论下一步的行动策略。

我相信，有了这些预备，当我们再去执行目标的时候，心里会更加有信心，也更容易坚持下来。

03 制定时间预算，来一场华丽的逆袭

10年前，我去听过一个理财课程，内容基本都忘了，只记得老师传递的两个基本理财理念，一个是记录，一个是预算。

记录也就是制订家庭的流水账，把每一笔支出记录下来，分析全家的支出情况，进行分类，然后再改进。

根据分类总结，已经基本了解了每个类别的财务支出情况，以及每一个分类占总支出的比例，我们可以以此为依据制订家庭预算。

然后，再根据分类准备相应数量的信封（或银行卡），我们家有8项支出，我就准备了8个信封（银行卡），当每一笔收入入账后，我还会根据不同的分类所占的比例，把钱放进各自的信封（银行卡）。

信封系统的目标是把钱用在重要的地方，以免在经济上花销过度，在未来成为月光族。

去年，当我开始制订自己的时间规划的时候，先生和我讨论后说："结合你现在的生活状态，我觉得你可以参考财务预算的概念来规划你的时间。"随后几天，我们一起制订了第一版时间预算表。它与财务预算类似，让我确定将时间用在重要的地方，以免过度使用自己的时间。

时间预算的基本工作原理：

我们每天可支配的（或一周）的小时数是16个小时，但其实减去吃喝拉撒、洗漱、交通等日常时间，每一天真正可以有效利用的时间并没有想象的那么多，12个小时就算不错了。

首先，列出常规的时间使用情况，从早上起床开始，一直到晚上睡觉。对我来说，早上6点半到8点，需要准备早餐，送五个孩子上学。下午15点~21点，我要接孩子、准备晚餐、讲故事、做家务，这些都是我非常明确的一些日常活动。参照前面介绍的财务预算制度，这部分工作其实是在做时间的使用分类整理，接下来，我们就需要根据分类制订时间的信封。

其次，初步制订出我们的时间预算表，最好以周为单位来设定。参考下图：

在制订这张时间预算表的时候，我也会考虑到自己的时间优先顺序：信念第一，家庭第二，事业第三。把家庭的时间留出来，然后再安排工作的时间。基本上可以保证每周有20~30个小时的工作时间，如表5-2所示。

表 5-2 时间预算

时间	2019/9/16 星期一	2019/9/17 星期二	2019/9/18 星期三	2019/9/19 星期四	2019/9/20 星期五	2019/9/21 星期六	2019/9/22 星期日
6:30	起床/准备早餐	起床/准备早餐	起床/准备早餐	起床/准备早餐	起床/准备早餐		
7:00	吃早餐	吃早餐	吃早餐	吃早餐	吃早餐		
7:25	送123/45	送123/45	送123/45	送123/45	送123/45		
8:00	到家/运动	到家/运动	到家/准备小组活动	到家/运动	到家/运动		
9:00	妈妈导师学习/作业	工作	收拾/做饭	工作	工作	起床	起床
11:30	妈妈导师学习/作业	工作	社群小组活动	工作	工作	家庭日	主日
12:00	午餐	午餐	社群小组活动	午餐	午餐	家庭日	主日
12:30	妈妈导师学习/作业	工作	社群小组活动	工作	工作	家庭日	主日
14:00	午睡	午睡	社群小组活动	午睡	午睡	家庭日	主日
15:00	接3	接123	接3	接3	接123	家庭日	1架子鼓/23画画
16:00	接45	接45	接45	接45/接2	接45	家庭日	1架子鼓/23画画
17:00	做晚餐	做晚餐	做晚餐	做晚餐	做晚餐	家庭日	1架子鼓/23画画
18:00	晚餐时间	晚餐时间	晚餐时间	晚餐时间	晚餐时间	晚餐时间	回家/备餐/外教
19:00	45讲故事	45讲故事	45讲故事	45讲故事	社群活动	家庭会议	晚餐时间/外教
20:00	123	123	123	123	社群活动	家庭影院	婚前辅导/外教
21:00	休息/工作	休息/工作	休息/工作	休息/工作	社群活动	家庭影院	婚前辅导
22:00-24:00	夫妻时间	夫妻时间	夫妻时间	夫妻时间	社群活动	夫妻时间	晚餐辅导

从这个预算表上也能看出来，做家务的时间基本不超过3个小时，我在前面的章节中也介绍过，我和先生都不太注重细节，所以家务活能交给机器就交给机器，说得简单一些，在家务活上，我们能懒就懒。

我们还经常讨论如何更快更便捷地做事。毫无疑问，精简是非常方便的，为我节省了很多宝贵的时间，让我有时间和精力做更重要的事情。

最后，根据这个时间预算表，将我们的行动计划再填进去。就像前面介绍的财务规划一样，要把每一笔的收入放到不同的信封里。时间也是如此，要在预算的时间里做相应的事情。

很多妈妈都会遇到这样的事情，尤其是在刚开始的几个月。如果时间到了，但当天的任务还没有完成怎么办？要不要占用其他的时间，例如：本来上午要写完的稿子没完成；孩子今天的作业比较多；

一方面，我们要做好心理准备，因为可能会遇到一些突发情况，另一方面，我们也可以请其他人来帮忙，或者干脆就放一放。

如果希望制订的时间预算表更容易执行，可以长久坚持下来，请大家务必注意一下三个基本原则：

1.让睡眠成为您最重要的优先事项

先生一直认为夜晚的时间比较安静，能让他的工作更有效率。但对我来说，基本上到了22点，我的大脑就会进入停滞状态，睡眠时间如果少于7个小时，第二天的工作效率就会非常低，可能一天都会哈欠连天。如果连续几天12点以后睡觉，很快就会生病。所以我的目标是晚上11点睡觉，早上6点30分起床。

每个人的精力状况不同，需要的睡眠时长也不同，但无论如何，都要在你的时间预算表中留出足够的休息时间。

2.至少要在预算表中留出1~2小时的机动时间，扣除"保证金时间"

我能体会到，用一些活动、事情填补每一个醒着的时刻，对于一些妈妈来说是非常大的诱惑，我衷心地鼓励你在预算中留出两个小时的机动时间，就像我们现金信封系统里的应急类别。我们可以将它用于那些我们没想到的偶然事件中。

对于全职妈妈来说，我们无法保证孩子每天都听我们的话，随时可能会出现各种意外，如：孩子病了，受伤了，或者洗衣机坏了，洗菜池堵了。

这时，我们就可以先做这些紧急的事情，处理这些意外事件，然后再用我们的机动时间去补充被占用的时间。这就意味着，我们仍然有足够的时间来完成我们设定的目标。

3.学会拒绝

在大城市生活，我们很容易就会在忙碌中沉迷。请原谅我使用"沉迷"这个词，想一想，如果朋友见面问你："最近怎么样？忙吗？"你会说不忙吗？潜意识会让我们陷入忙碌之中。我们总是要快速前进、前进，要在忙碌中找到满足感和自我价值。好像我们越忙，我们就越重要。当前的中国社会的文化已经让我们筋疲力尽，不堪重负。

那解决方案是什么呢？其实很简单，要学会说"不"。

停止做那些跟你的目标不相关的事情，即使这件事情对一些人非常有帮助，即使我们会因为拒绝被别人说成没爱心。不要让其他人操纵我们的生活，那会让我们非常被动。

就像本章一开始介绍的情况，不拒绝别人的邀请，使自己越来越忙，最终生病了！那谁又能帮我做我本来需要做的事情呢？

在很长一段时间里，我一直在寻找可以减少时间表的东西。但问题是，我找不到任何可以削减的东西。我花了很长一段时间才弄明白我正在寻找消除"不好"东西的方法，但我时间表上的所有活动都是"好"的事情。

例如，帮助身边的妈妈，回复大家的问题，为孩子们提供良好的学习机会，等等。这两年我才意识到，我必须学会放弃"好"的事情，为"最好"的事情腾出时间。最好的事情跟我今年的关键领域有关。我只有照顾好自己，才有余力去照顾别人，这也是福杯满溢的原则。

小结 & 本章实用表格

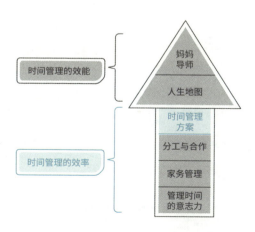

本章我们主要讨论了如何制定一个有效的时间管理方案。首先，我们要找到在接下来一年里能够改变我们生活的关键领域；接着要围绕着这个关键领域设立合理的目标，然后仔细分析目标，拆解任务，让目标成为可执行的方案；最后，还要制定自己的时间预算表，再把行动方案填到预算表中，最终形成属于我们自己的时间管理方案。

本章实用图表

生命之轮（如图5-6所示）

日期：_____　　　　名字：_____

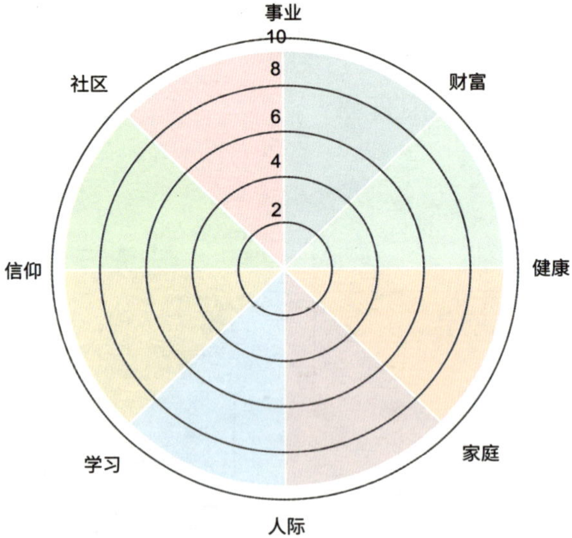

图5-6　生命之轮

任务拆解流程（如表5-3所示）

表 5-3　任务拆解流程

目标	结果	障碍	行动
你想要干什么？完成什么任务？	把目标具体化的过程，什么时候？在哪？跟谁？	时间是不是充裕？是不是其他人配合？需要付出哪些代价？	制定计划，先做什么？后做什么？再做什么？

两个必备的工具

1.效率手册

在每年12月的最后一周，完成下一年度的规划，这时候最重要的表格就是年历，姐妹们可以根据自己的喜好买一本效率手册，它的头几页基本都是一年的基本规划。

效率手册中，也会有每个月的基本规划，大家可以根据前面的计划，把一些重要的节点填上。在每月的最后一天填写下一个月的日程安排。

在每周日晚上，填写下一周的主要工作内容。一般周历会要求大家写得细致一些。

最后，每天晚上拿出15分钟的时间，列一下第二天要做的工作事项。

如果没有买到合适的，也可以在Word的模板里找，里面有非常多的样式可以参考，再根据自己的需求进行完善，我平时用的表格基本都是根据这些模板改的。

2. 小米智能闹钟

一款非常好用的时间管理工具，支持语音操作，连我家三岁多的老五都可以熟练使用。"小爱同学，3分钟倒计时""小爱同学，10分钟后提醒晚餐结束""小爱同学，每天早上7：25提醒大家出门"……

它主要有三大核心功能：

可以提前在手机里输入特殊事件的提醒。提前把一些重要的日子通过手机输入到闹钟里，提前提醒。

语音设定闹钟、提醒、倒计时。应用场景：起床闹钟、做饭计时、孩子们练琴或者学习计时、安静计时。

日程规划。可以把每周的计划提前输入到闹钟里，每天早上定时提醒我们今天的日程安排。

我家的智能闹钟

不要紧盯现在，用全人生
的眼光规划提高家庭效能

我们用了四章的篇幅来介绍如何提高时间的使用效率。接下来的两章，我们一起聊一聊效能，用效能来更有效地提升我们生活的效率。

我跟姜先生看过一部电影《蜂鸟》，整个情节就非常好地诠释了效能对人生有着什么样的影响。

电影的男主是一家金融公司的交易员，他的工作就是低价买入，再以极小的利润卖出，这样反复的操作，帮助公司获得利润，而这样的操作对网速的要求是非常高的。

16毫秒在人的一生中算不得什么，但是在证券行业中却非常重要，尤其是在高频交易中，1毫秒就有可能带来先机，赚取几百万的收益。

男主为了获得更快的网速，制定了一个宏大的计划：从美国东部的华尔街拉一根网线到西部。这条网线横跨美国大陆，翻山越岭，全长2000多公里，如果尽量走直线的话，就可以达到前所未有的16毫秒（也就是蜂鸟煽动一下翅膀的时间，即电影片名的由来），只要实现这个目标，自己就有机会成为业界的领头羊，在很短的时间内收回投资成本。

他说服了公司负责网络的工程师参与到了他的计划当中，又去找了投资人……在这个过程中，几个人可以说是耗尽了心血，解决了各种困难，甚至男主知道自己得了胃癌，为了节省时间，都没有去医院治疗。为了成功，他付出了生命的代价……可以说，男主用生命去追求16毫秒的极致速度，与合伙人一起在17

毫秒和16毫秒上花了无数的心思，克服了很多无法想象的困难。在他们建成的那一天，发现网速比原来预计的还要快，达到了15.75毫秒。

就在他们对外公布成果的同时，男主原来所在的公司也对外宣布，因为采用了另一种新的技术，公司的网速已经可以达到11毫秒。这样，男主所有的努力都变得毫无意义。如果一开始就选错了方向，无论你如何努力，如何坚持到底，即便用尽全力，也不过是一场空，只能成为成功者的陪衬。类似的例子还有爱迪生的直流电与特斯拉的交流电之争。

效能与效率其实有着本质的区别。效率是以效能为前提的，如果没有这样的前提，效率将变得毫无意义。没错，首先要做正确的事，然后才存在正确地做事。

姐妹们，回忆一下，在我们的家庭生活里，所有的家庭成员都在努力做事情，丈夫努力工作挣钱，妻子勤勤恳恳地照顾家庭，孩子认认真真地学习，所有人的效率都挺高，说明我们都在正确地做事。但是不知道为什么，真正快乐的人并不多，生活中总是有各种各样的矛盾爆发。

究其原因，其实我们忽略了效能——也就是做正确的事。所以，无论做事的方式方法多么正确，其结果可能都是徒劳无功的。

正确做事，更要做正确的事，这不仅仅是一个重要的工作方法，更是一种很重要的管理思想。任何时候，对于任何人或者组织而言，做正确的事都远比正确地做事重要。

效能关注的是我们要去哪？以及为什么去？也就是我们人生的目的地。接下来，我会用两个章节的内容，尝试帮助姐妹们找到自己的人生目的地，提高时间使用的效能。

第六章

人生地图，
设计你的第二次人生规划

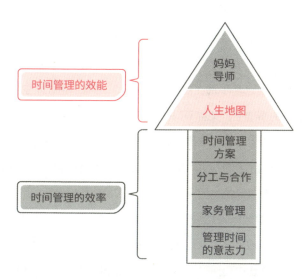

人在贫困中就像在懒惰中一样，是会慢慢习惯的，他们别无选择，然而可惜的是这些人身上多多少少都有一个夭折的莫扎特。但到了成年，却往往已经把潜力浪费得差不多了，变得神情呆滞，

暗淡无光。——安东尼·德·圣·埃克苏佩里

我们的时间到底是应该用来随波逐流？还是用来突破限制去实现自己内心的"莫扎特"呢？人生地图，其实就是帮助我们寻找自我的导航图。

焦虑是很多全职妈妈的常态，我也不例外，一方面焦虑孩子的吃喝拉撒，另一方面焦虑自己，担心自己跟不上时代，很难再回到职场中，失去社会价值，被丈夫"嫌弃"。正因为这些担心，结婚的头两年，我特别抵触做全职妈妈，甚至还在工作当中不断地给我的同事和客户灌输这样的想法。

即使后来下定决心做全职妈妈，我的内心也不能总是保持平静。当我看着从前的同事在职场上风生水起，进步飞快，再看看自己，每天围着孩子、丈夫、厨房转，心里偶尔也会很焦躁。如果孩子不省心，表现不好，学习成绩不佳，我甚至会怀疑自己的选择，怀疑自己是不是在浪费生命？我的时间都用在了这些"没有价值"的事情上，又看不到任何产出的结果，这值得吗？

有时候看着小区里带孩子的爷爷奶奶们，看着广场上热情高涨的叔叔阿姨们，看着在房间里看电视剧、打麻将的老人们，我就在想：这就是我未来的生活吗？这就是一个全职妈妈最后的归宿吗？我还有其他的选择吗？如果希望未来有更多的选择，我是不是要学点儿什么？或者是做点儿什么？我该如何开始呢？时间怎么安排呢？从这些焦虑中延伸出来的问题，持续跟随我和先生很多年。

我们与父母年轻的时候有着截然不同的时代背景，他们刚刚进入职场或者成为父母的时候，没有多少可以选择的职业路径、参考的榜样和学习资料，绝大部分的父母只能从身边的一

些长辈那里得到一些指导，再根据自己的经验、意愿选择工作，养育孩子。

但是，在移动互联网时代下生存的我们，信息变得越来越廉价，打开手机随手就可以获取海量的资讯。51job、Boss直聘、智联招聘……成千上万的职位等着我们选择。哪一个更适合我们？微信、微博、抖音、小红书让我们的感官受到巨量信息的冲击，无数养育孩子的知识轰炸我们的大脑。亲密育儿、正面管教、国学教育……哪一种更适合我？我们所面对的挑战不再是有没有资料可以学习，而是如何在这样的海量信息中，更有效率地做选择，获得专注力。

如果再把两方面的挑战结合起来，会是什么局面呢？妈妈们面对的挑战正是如此。我们不但要思考自己的职业发展。还要关注如何养育孩子，甚至还要替孩子们考虑未来的发展。在这样的情况下，我们的困难程度便呈几何倍数增加，怎么可能不焦虑呢？

有些妈妈选择活在当下，努力做好眼前的事情。几年过去了，发现自己的生活没有多大的改变，孩子还是那个孩子，丈夫还是那个丈夫，自己也还是原来的自己。很多事情，其实都没什么意义，时间就这么白白浪费了。

其实上面描述的绝大部分困境，都是因为缺少规划所导致的。想一想，如果一个想出国旅行（自由行）的人没有做任何攻略，不查任何资料就上路，你会跟他说什么："冷静点儿，你现在需要做一个攻略。"

对啊，每个地方都有很多景点，很多值得看的地方，你要去看哪个？住哪个酒店？乘坐什么交通工具？遇到意外怎么办？人生的旅程要比出国旅行复杂多了，又有多少人愿意停下来，做一做自己的人生规划呢？有了人生规划，我们才能清楚地知道如何为自己的生活做选择，以及哪些是有意义的，哪些是没有意义的。

我在之前的内容中提过，在职场中，都是先有预期或者规划，再去工作。但是妈妈这个职业基本上都是先承担起工作，走到一半了，才发现自己需要重新思考今后的人生道路，这时候发现已经晚了。

有了自己的人生规划，更容易抗拒短期的诱惑，知道哪些信息对自己是有用的，对自己的未来是有益处的，会坚定地朝着自己的方向前进，生活也更容易获得满足感。很多妈妈时常感到挫败，并不是她们没有能力，而是对自己的生活没有长远的规划所导致的。

我们经常听到这样一句话："只要方向对了，脚步慢一点儿没关系，至少我们在向目标前进；但是如果方向错了，脚步越快，就会距离我们的目标越来越远。"这里的方向指的就是我们的人生规划。

我没有过人的天赋、智商，也没有显赫的家庭背景，更没有出众的学历，之所以今天的我被称为"别人眼中的超人妈妈"，最主要的原因就是我愿意听话照做，不断地尝试。

我也期待姐妹们可以一起开启高效能的人生之路。

01 想要的生活真的是设计出来的

《高效能人士的七个习惯》中的第一个习惯是积极主动，我们是自己人生的主人，有选择权，有能力抵抗外部环境的影响，成为自己心目中的英雄。不管做哪种选择，都能够为自己的选择负责任，永远都觉得自己有选择走哪条路的主动权，这种心态就是积极主动。

任何事物都要经历两次创造，一次在头脑中，一次在实践中。就像装修一样，我们首先要请设计师根据我们的需求设计一个图纸，再请施工队来按照图纸施工，我们不可能在没有图纸的情况下开始装修。

我们的人生也要经历两次创造，每个人出生的家庭、生活环境、就读的学校等形成了我们人生的第一次创造。对于大部分人来说，对第一次创造都不会很满意。但是，当我们成年以后，人生的走向更多的是取决于我们就此随波逐流，还是主动设计第二次人生规划。

主动设计自己的人生规划，说起来容易，做起来很难。我们需要不断地面对周围人的质疑、孩子的不配合、自己内心的纠结以及不断地突破自己的舒适区。

老大7个月的时候，开始让她自己抓食物吃，刚开始的时候并不顺利，食物弄得到处都是，简直和战场一样，每次吃完都是一身、一脑袋的汤汁和糊糊。所以每次她吃完，就得直接抱去洗澡。我们经常要强忍着内心的抓狂，告诉自己要耐心地等她学会吃饭，学会用餐具。

另一方面，老人每次看到孩子自己吃饭，就会说："我孙女真可怜，这么小就自己吃饭了。"然后趁我们不注意的时候偷偷地喂几口。为了这点儿事儿，我们没少跟老人发生摩擦。我们甚至还背上了"独裁者"的恶名。

直到四年以后，老三出生，看着老大、老二都能自己吃饭，不用追着喂，省了很多心，老人们才逐渐认可我们的方法。

不仅是吃饭，还有睡觉、安全、沟通、自理、娱乐这些习惯的养成都要战胜很多很多的困难。现在，奶奶经常可以自己带着五个孩子，也是得益于孩子们养成了这些习惯。

想一想，养成一个吃饭的习惯就这么不容易，更别说我们的人生规划了，要面对多少挑战啊？！

《高效能人士的七个习惯》一书中说："一个人成长的根本在于人格的进步，通常需要通过三个时期，从依赖期到独立期，再到相互依赖期，七个习惯就是为了让我们的人格不断完善，走向成熟。"

其实绝大部分的人最开始的时候都处于依赖期，也就是依靠别人来实现愿望，潜台词往往是："别人要照顾我。""别人要满足我的需要。""别人要对我负责。"

老大刚出生的时候，我就在依赖期，希望老人帮我分担养育孩子的责任。但是因为老人的理念跟我的不一样，所以我经常埋怨老人过分宠爱孩子，不能按照自己的心意带孩子，养成了不好的习惯。直到生老三时，我才意识到我需要自己管理自己的生活，此后，我开始鼓足勇气独立带孩子，自己学做饭。

当我走出这一步的时候，才发现，自己身体里面蕴藏着巨大的潜能。我不但可以照顾好孩子们的日常生活，做完所有的家务，也为自己以及先生留出了特别的时间。我的生活发生了巨大的翻转，也正因为如此，才有了简单妈妈，才有了这本书，如果我现在还躲在父母的翅膀底下，绝对不可能有今天的生活。

在养育孩子的过程中，我们需要不断地面对困难，解决困难，这是一个人走向心智成熟的必经之路。如果我们把这个责任推给了老人，就会影响我们第二次成长的机会。那么，我们将错过最好的成长机会。

我们常听人说："这个人好像只有年龄在增长……"背后的意思就是，这个人心智不成熟，总是把自己生活好坏的责任推卸给别人，忽略了自己其实是有选择权的。

请相信，无论当下我们处于什么样的环境，我们其实都拥有自己生活的选择权，都有能力去设计自己的人生规划。

02 10 年后我们什么样儿

很多人都很好奇，想知道10年以后的自己会过什么样的生活。很多妈妈都喜欢用各种工具去预测自己的未来。例如：塔罗牌、看手相、学周易、看星盘……

其实不用这么复杂，有一个更简单的方法：记录时间的流向。详细记录常规情况下一个月或者一周时间的使用情况，大概就能预测出10年以后自己的生活样式。

中国民间有一句俗语"钱在哪，心就在哪"，意思就是不要看这个人嘴上说什么重要，而是要看他的钱花在哪，我们把钱用在了什么地方，那就是我们认为重要的。在当今社会，尤其是在北上广深这些一线城市，时间是最宝贵的资源之一。所以，前面的谚语应该换一种表达——"时间在哪，心就在哪"。

接下来，我们可以以一周为计时单位，记录一下自己的时间都用在了什么地方。Excel表格就可以满足我们的需要。下面这张表格是我在2017年画的时间表。它记录了我正常的时间安排，如表6-1所示。

表 6-1　常规生活计划（馨悦 2017 年）

时间	星期一	星期二	星期三	星期四	星期五	星期六	星期日
7:00	洗漱/早餐/送老大上学	洗漱/早餐/送老大上学	洗漱/早餐/送老大上学	洗漱/早餐/送老大上学	洗漱/早餐/送老大上学		
8:00	收拾洗衣服/送老二老三上学	收拾洗衣服/送老二老三上学	收拾洗衣服/送老二老三上学	收拾洗衣服/送老二老三上学	收拾洗衣服/送老二老三上学	起床	起床早餐
9:00	老五睡觉/陪老四	老五睡觉/陪老四	老五睡觉/陪老四	老五睡觉/陪老四	老五睡觉/陪老四	陪孩子	教会
10:00	老五睡觉/陪老四	老五睡觉/陪老四	老五睡觉/陪老四	老五睡觉/陪老四	老五睡觉/陪老四	陪孩子	教会
11:00	备餐/午餐	备餐/午餐	备餐/午餐	备餐/午餐	备餐/午餐	陪孩子	教会
12:00	休息/老四老五自己玩	休息/老四老五自己玩	休息/老四老五自己玩	休息/老四老五自己玩	休息/老四老五自己玩	陪孩子	教会
13:00	自己的时间/孩子午睡	自己的时间/孩子午睡	自己的时间/孩子午睡	自己的时间/孩子午睡	自己的时间/孩子午睡	陪孩子	老大学鼓/老二学琴
14:00	午睡	午睡	午睡	午睡	午睡	陪孩子	
15:00	备餐	备餐	备餐	备餐	备餐	陪孩子	回家

184

时间	星期一	星期二	星期三	星期四	星期五	星期六	星期日
16:00	接孩子	接孩子	接孩子	接孩子	接孩子	备餐	备餐
17:00	做晚餐	做晚餐	做晚餐	做晚餐	做晚餐	备餐	备餐
17:30	晚餐	晚餐	晚餐	晚餐	晚餐	晚餐	晚餐
18:00	讲故事／陪玩	讲故事／陪玩	讲故事／陪玩	讲故事／陪玩	讲故事／陪玩	家庭会议	讲故事／陪玩
19:00	收拾餐桌	收拾餐桌	收拾餐桌	收拾餐桌	收拾餐桌	电影时间	收拾餐桌
19:30	送 2345 去睡觉	送 2345 去睡觉	送 2345 去睡觉	送 2345 去睡觉	送 2345 去睡觉	电影时间	送 12345 去睡觉
20:00	送老大睡觉／收拾屋子／朋友聚会／看电影／看书／聊天／运动／写文章	送老大睡觉／收拾屋子／朋友聚会／看电影／看书／聊天／运动／写文章	送老大睡觉／收拾屋子／朋友聚会／看电影／看书／聊天／运动／写文章	送老大睡觉／收拾屋子／朋友聚会／看电影／看书／聊天／运动／写文章	送老大睡觉／收拾屋子／朋友聚会／看电影／看书／聊天／运动／写文章		夫妻时间
23:00	睡觉	睡觉	睡觉	睡觉	睡觉	睡觉	睡觉

2017年，老五只有1岁，老四3岁，我白天大部分时间都在带孩子、做家务，只有晚上，等孩子们睡觉以后，才有时间安排一些其他的事情。

2019年，孩子们都大了，可以帮我分担很多家务，写作业也算比较自觉，老四和老五的绝大部分时间也可以自己玩，不用特别照顾，所以，我还可以做些自己的事情，如表6-2所示。

对于很多全职妈妈来说，孩子的假期是比较特殊的时期。在中国，孩子们的寒暑假加起来一般有三个月左右。在这三个月的时间中，我们会有另外一个时间表，尤其是孩子还小的时候，需要花很多时间陪她们，例如：外出旅行，上课外班，寒暑假作业，娱乐时间……一般在假期的3个月中，我的工作时间会大幅缩减，这也是没办法的事儿。

这张表上还有一些重要的内容无法显示。首先是我和先生的约会时间。每个月，我们会找一个周六，把孩子们都送到老人家里，我俩出去吃个饭，看个电影或者见见朋友。另外，最近几年的结婚纪念日，我和先生都会外出旅行几天，不带孩子，只有我们两个人，不做任何规划，就是自由行，随意走一走，吃点儿好东西，找朋友聊聊天……任何一段关系都需要花时间用心维护，更何况是要相守一生的两个人。

每周7天，每天24个小时，1小时=60分钟，每周共是10080分钟。再减去每天必要的睡眠时间7个小时，吃饭、洗漱等必须花费的生活时间2个小时，剩下的就是我们可支配的时间。也就是我们每天有15个小时，每周有105个小时，6300分钟可支配的时间。

如果按照月来记录，每月（按照四周来计算）有420个小时，

表 6-2 常规生活计划（馨悦 2018 年至今）

时间	2019/9/16 星期一	2019/9/17 星期二	2019/9/18 星期三	2019/9/19 星期四	2019/9/20 星期五	2019/9/21 星期六	2019/9/22 星期日
6:30	起床/准备早餐	起床/准备早餐	起床/准备早餐	起床/准备早餐	起床/准备早餐		
7:00	吃早餐	吃早餐	吃早餐	吃早餐	吃早餐		
7:25	送 123/45	送 123/45	送 123/45	送 123/45	送 123/45		
8:00	到家/运动	到家/运动	到家/准备小群餐	到家/运动	到家/运动		起床
9:00	妈妈导师学习/作业	工作	收拾/做饭	工作	工作	起床	主日
11:30	妈妈导师学习/作业	工作	哈拿小群	工作	工作	家庭日	主日
12:00	午餐	午餐	哈拿小群	午餐	午餐	家庭日	主日
12:30	妈妈导师学习/作业	工作	哈拿小群	工作	工作	家庭日	主日
14:00	午睡	午睡	哈拿小群	午睡	午睡	家庭日	1架子鼓/23画画

时间	2019/9/16 星期一	2019/9/17 星期二	2019/9/18 星期三	2019/9/19 星期四	2019/9/20 星期五	2019/9/21 星期六	2019/9/22 星期日
15:00	接 3	接 123	接 3	接 3	接 123	家庭日	1 架子鼓 /23 画画
16:00	接 45	接 45	接 45	接 45/接 2	接 45	家庭日	1 架子鼓 /23 画画
17:00	做晚餐	做晚餐	做晚餐	做晚餐	做晚餐	家庭日	回家／备餐／外教
18:00	晚餐时间	晚餐时间	晚餐时间	晚餐时间	晚餐时间	晚餐时间	晚餐时间／外教
19:00	45 讲故事	45 讲故事	45 讲故事	45 讲故事	迦勒小群	家庭会议	婚前辅导／外教
20:00	123	123	123	123	迦勒小群	家庭影院	婚前辅导
21:00	休息／工作	休息／工作	休息／工作	休息／工作	迦勒小群	家庭影院	婚前辅导
22:00-24:00	夫妻时间	夫妻时间	夫妻时间	夫妻时间	迦勒小群	夫妻时间	晚餐时间

也就是有25200分钟的可支配时间。

1周或者1个月后，我们可以把记录的时间，按照下列的项目进行分类统计。在记录的时间内每一个项目所使用的时间累加后，再填到表6-3里。

表6-3　时间分类总结

项目	家务	亲子	夫妻	工作	社区	学习	信仰	休闲	健康
时长（分钟）									
比例									

家务：我们花在家务上的时间，包括：做饭、接送孩子、收拾房间、整理衣服……我在这部分所占的比例很少，主要的原因有三个：大量使用电器、孩子们分担、钟点工。

亲子：指的是有质量的互动时间：给孩子讲故事、玩儿桌游、藏猫猫、聊天下棋、帮助孩子做学习计划、参加孩子某些庆祝活动，等等。孩子上课或者玩儿，我们看手机或者干自己的事儿，鸡飞狗跳地辅导作业，都不算是有质量的互动时间，只能算是家务或者是休闲时间。

夫妻：同样是有质量的互动时间，看看电影、聊聊近期的计划，吃个饭、逛逛街、旅行……都可以算是有质量的互动。

休闲：指的是让自己可以放松心情的活动，听听相声、看看书、刷刷手机、看看电影、逛逛街、闺密时间，这部分的时间还是要有的，是保持良好心态的基础。一般情况下，我的休闲时间是和家人在一起度过的，看看电影，玩玩桌游，画画……运动（在家使用划船机和跑步机）的时候会看德云社的相声或者看娱乐节目，睡前刷刷手机。对我来说，睡觉也是一种充电的方式，绝对算是我的休闲时间，当然，必须是晚上7个小时以外的时间。

学习、看书、参加培训课程、看高质量的文章、微课、网课……都算是学习时间。

社区：指的是参加妈妈群、社区组织的一些活动，以他人的需要为前提的服务性工作。对于我来说，帮助身边的妈妈们轻松养育孩子是我的重要使命，我会拿出一些时间解决大家的疑问。

工作：指的是给家庭带来收入的事务。例如：兼职、代购。

健康：指的是维持健康的身体所花费的时间，运动、体检。

亲子关系的时间很少，想一想我们未来会面对什么境况？我们跟孩子会有良好的关系吗？青春期的时候，我们会遇到什么挑战？

如果是婚姻时间很少，10年后我们跟丈夫会有起初那种甜蜜的关系吗？也许就会经历离婚、外遇、冷战……

有一个值得注意的地方，并不是家务的时间多，就意味着我们是一个称职的妈妈或者妻子，这些所谓的家务其实属于公共事务的范畴，并不具有特殊性，不会帮助我们建立良好的亲子、婚姻关系。就像在职场上，做好手里的工作，不会带来良好的同事关系，需要有一些特殊时间才行。

如果休闲的时间过长，工作、学习的时间很少，那我们10年后，会成为什么样子？我相信，能保持现状就已经算是不错了。逆水行舟，不进则退，现在的社会环境难道不算是在逆水行舟吗？

如果运动的时间很少，想想10年后，我们的身材会变成什么样？健康程度会如何？保持一个健康的、充满活力的身体，也是维系紧密的夫妻关系非常重要的因素。

通过这样的记录是不是可以看出我们生活的趋势在往哪些方面发展呢？应该比塔罗牌、手相更为准确。妈妈们，这是我们10年以后想要的生活吗？这些要发生的事情是我们期待的吗？如果不是，我们真的需要安静地想一想，到底什么才是我们想要的生活。这需要应用《高效能人士的七个习惯》一书中所提到的第二个习惯——以终为始。

03 葬礼游戏，重新看待你所拥有的一切

"以终为始"这个习惯传递的核心理念是：我们首先要在自己的脑海里构建自己的未来，然后再去行动。换句话说，我们需要提前在头脑中构建一个攻略，然后再去努力实现它。就像古代码头旁边树立的灯塔，能够引导船只停靠在码头。人生规划引导我们生活中的每一件事情、每一个步骤，都朝着我们想要的方向前进。

人生旅途中，有很多很多的岔路，很多很多种选择，我们一不小心就会误入歧途。许多人拼命埋头苦干，其实并不知道为什么而做，人到中年才发现好像上错了车，走错了路，所谓的中年危机的根源就在这儿。忙碌了十几年，却发现现在的生活不是自己想要的。

养育孩子的过程也是如此。市面上有成千上万种育儿类的书籍、课程、公众号……向我们推荐各种各样的育儿方式，好像看起来都挺有道理的。今天试试这个，明天试试那个，花了很多钱，付出了很多时间和精力，也不知道是不是有用，但做了总比什么都不做强吧。孩子慢慢长大了，我们可能突然觉得，这好像并不是我期待的结果。

老二出生以后，我和先生也遇到了这样的困境，每天都很纠结。在不断的沟通中，我们逐渐意识到，我们需要在养育孩子这件事情上制订清晰的目标，才能知道如何做选择。也就是在她18岁的时候，我们希望她成为什么样子？再看一看，我们当前选择的养育方式是否可以实现我们期待的目标呢？

我们希望孩子们18岁的时候可以成为诚实守信、有勇气、有热情、有信仰、有合作精神、身体健康、适应能力强、有独立思考能力、有一技之长、可以成为一个称职的配偶、可以设定并完成目标的成年人。

这个目标只是第一步，更重要的是，我们要根据这个目标制订我们的养育计划，选择我们的养育方式。我们会根据目标中的每一个重要的词，展开我们需要做的事情，再与我们的日常计划相结合。

如何培养孩子们成为一个"合宜的配偶"？我们不认为孩子自然而然或者突然就会拥有这个意识和能力，很多能力都是逐步培养起来的。他们从懂事儿的时候就会观察我和先生是怎么相处的，所以，我们先努力经营我们的婚姻关系。通过观察，孩子们会形成对婚姻初步的印象，他们会模仿同性别的父母。

我当然知道即使做了这些，孩子们也未必会成为一名"合宜的配偶"，但是如果我们不做，那他们肯定不会成为我们期待的那个样子。用"以终为始"的方式来处理我们所面对的挑战，那并不是一个高高在上、虚无缥缈的美梦，而是真实可行的行动方略。

接下来，我们就用一个活动——葬礼游戏——帮助大家找到10年后自己希望去的终点。

首先，需要为自己准备1个小时的时间，把手机调到静音或者飞行模式，避免有人来打扰我们；然后，拿出一张A4纸和笔，再播放一些柔和的音乐，帮助我们安静下来。

重要提示：接下来的思考过程很重要，需要我们付出一些耐心。想一想，这1个小时的时间也许会让我们今后10年的生活更加有意义、更有效率，是不是值得我们花精力去琢磨呢？

第一步，10年后葬礼。

调暗灯光，闭上眼睛，想象一下10年后的自己，那时候你已经非常成功，取得了很多很多的成就。有一天，你接到一个通知，被邀请参加一个葬礼，当你走到葬礼场地的时候，才发现，礼堂里挂的竟然是自己的照片，原来这是你自己的葬礼。

这时候，回顾你的一生，你有哪些值得骄傲的事情？有哪些遗憾的事情？随后，会有10个人在你的葬礼上发言，追思你这一生的成就。

如果你想好了，请在纸上写下这10个人的名字，这10个人可能是你的父母、你的儿女、你最好的朋友、你的老板、你的女朋友、你的合作伙伴、你曾经帮助过的一个人或一个多年不见的朋友……写下名字的同时，也想象一下他们的表情、他们的感受，不要着急进入下一步。

第二步，葬礼上的描述。

这10个你最在乎的人会一个接一个地在你的葬礼上发言，他们开始描述你是一个怎样的人，他们可能会用以下的几种方式来描述：你是一个……样的人，可以做……总是……

比如：

你是一个好导师，总是可以给身边的人带来希望，可以帮助他们找到自己的使命……

你是一个好妈妈，在儿女成长的过程中给予她们足够的爱和帮助……

你是一个好太太，在你身上，我总是感受到被接纳，我的生命因为有你而更加精彩……

你是一个充满喜乐的闺密，你到哪里，哪里就会笑声不断……

你是一个勤劳的人，因为有你，家里、公司总是干干净净、一尘不染……

你是一个非常有爱心的人，总是会帮助身边那些有需要的人……

你是一个有诚信的商人，无论遇到什么困难，总是会履行你的承诺……

你是一个优秀的形象设计师，不但自己很时尚，还会帮助身边的人跟上潮流……

你是一个富翁，无论在什么样的市场环境下，都会运用自己的智慧赚取财富……

调亮灯光，然后把这10个人对你的描述写下来，越具体越好。

第三步，提炼我们人生的使命和价值。

写完这些描述的词句后，接下来，我们需要从这些描述中提取我们看中的角色、使命、价值和行动。比如：

你是一个好妈妈……那里的角色就是妈妈，家庭对你来说有着很重要的意义；给予她们足够的爱和帮助就是妈妈这个角色的使命。

你是一个非常有爱心的人，总是会帮助身边那些有需要的人……这里的角色就是义工或者说是公益人士，帮助身边那些有需要的人就是这个角色的使命。

你是一个好导师，总是可以给身边的人带来希望，帮助他们找到自己的价值……你的角色是导师，使命就是启发他人。

只有当我们知道自己追求的价值时，才能让自己对生活保持热情，才能更好地判断当前的行动是否对未来有利。很多人常常半途而废，根本原因是不知道自己真正追求的价值是什么，目标、计划制订得再详细，再完美，也很难坚持，很快就会失去动力。

如果我们所谓的价值都是财富、金钱和事业的话，那我们需要好好审视一下自己的生活了，毕竟我们不只是因为金钱而活着，金钱其实只是实现目标的工具，并不是目标本身。中国的教育，当然也包括家庭教育，最欠缺的一环就是有关生命的意义方面的引导，总是以学业、财富、事业为目标，这也导致了很多社会问题。

这个寻找的过程，可能会让我们觉得很有难度，但没关系，我们可以慢慢来，如果真的没有办法获取至少五个不同的价值的话，就把一些出席你葬礼的人换掉。

通过上面的描述，我们可以总结出下面一张表格。这张表格非常重要，可以说是我们制订人生规划的基础，也是我们人生意义所在。

"你是一个……"其实反映出来的就是你认为重要的角色。"你是一个好妈妈"，说明你很看重这个角色；你可以或者你总是在儿女成长的过程中给予她们足够的爱和支持……反映出你如何定义这个角色的使命。

随后，从这段描述的句子中，你还会提炼出一些关键词，例如：爱、鼓励、接纳……这些关键词就是你看中的价值观。我们习惯性地认为，价值观总是挂在墙上的口号，其实不然，我们认可或者如何理解这些价值观，会影响我们后续的行动计划。

我们就以"爱"这个词来举个例子：到底什么是爱？在很多中国人的观念中，爱是一种感受，是一种情感，但其实并非如此。

《少有人走的路》一书中对爱的描述非常值得我们思考："爱，是行动，爱是要让被爱的人感到幸福，达成他的目标，如果我们爱的行动与被爱者的目标不一致，就不是真正的爱。坠入情网的激情不是爱，依赖不是爱，不恰当的溺爱和自我牺牲也都不是爱。这些被误解为爱的行为，其核心动机都只是为了满足自己的需要而已。而真爱的目的永远是促进被爱者心智的成熟，出于其他目的的爱都不是真爱。"

这个定义是不是与我们传统观念中的爱完全不同？在这两种爱的定义下制订出来的养育孩子的策略，是不是也会完全不一样？

最后，我们需要根据对这些价值观的理解，总结出一些关键的行动，也就是为了完成这个使命，我们都需要做些什么。

一个是有耐心地喂饭，让孩子对我们产生持续的依赖和等着孩子练习自己吃饭，有耐心地收拾残局，最后孩子拥有独立进食的能力，哪种才是真正的爱？

每天给孩子选衣服、穿衣服或是有耐心地引导他们自己选择喜欢的衣服，自己穿脱衣服，哪种是真正的爱？

如果我们认同《少有人走的路》一书中对爱的描述，那么我们的行动就应该是：克服一切挑战也要培养孩子们独立吃饭的习惯，培养他们生活自理的能力……等有一天，他们离开我们的时候，有能力、有心智、有意愿去实现自己的人生价值，这就是对他们最大的爱。

不同的价值观带给我们不同的行动方案，最理想的状态就是让我们的使命、价值观和行动方案相一致。

根据上述内容，我们需要完成表6-4：

表6-4 使命价值分析

角色	场景	使命	价值	行动
妻子		成为帮助者，成就丈夫，经营家庭	爱、接纳、顺服	瘦身，约会，沟通，夫妻生活
妈妈	家庭	在儿女成长的过程中给予她们足够的爱和支持……	爱、鼓励、接纳、相信、支持	陪伴，教导，游戏，沟通
女儿		尊重父母	爱、回报、感恩	每周见面，每天问候，生日

角色	场景	使命	价值	行动
合伙人	公司	使每个人在团队中恩赐最大化，贡献最大化，能够双赢	商业价值、团队、追求卓越	写文章，录微课，培训
培训师		让每一次的传递都有价值	智慧、专业、风趣、真实	沙龙，培训，不断学习，精进技能
导师	妈妈社区	用生命影响生命	传承、睿智、从容	辅导，教练，沙龙，文章

如果你已经完成这张表，恭喜你，你已经完成了人生规划中最重要的第一步，万事开头难，只要开始就是成功。你也许对这张表还不满意，没关系，用接下来的一年甚至几年来完善这张表格。2002年，我第一次学习《高效能人士的七个习惯》，第一次接触"以终为始"这个观念，到如今形成这张表格，用了整整17年的时间。那时候我21岁，现在我已经38岁了。

这17年中，我不断地认识自己，尝试探索新的可能，调整方向，最终找到了比较清晰的使命。有了这张表格，也找到了我人生的价值和意义，虽然我的时间表安排得很满，身体会疲惫，但是我还是每天活力十足，因为心中总是充满希望。

在我做这张表的时候，也是对自己前半生的回顾，在这个过程中，我逐渐意识到，为什么很多人说婚姻会让人走向成熟。

我们从出生开始，就生活在一个家庭之中，最初的角色很单一，我们只要做好自己儿女的角色就可以了。随着我们的年纪不断增长，我们所扮演的角色变得越来越多，从上幼儿园开始，我们多了学生、同学、朋友的角色；从上班开始，我们又多了员工的角色，直到我们成家后，角色突然增多，我们成了妻子、儿媳、妈妈……每个角色背后都有我们需要承担的责任和义务，生活的困难程度势必大幅提高，这真是我们走向心智成熟的最佳训练场。

说实话，没有人能同时扮演所有的角色，我们需要有智慧地分配我们的时间。这时，养成要事第一这个习惯就显得万分重要了。

04 活在当下，找到每个年龄段的第一要事

根据我们此前制作的人生使命宣言，在每一个角色中，都会有一些行动方案，每个方案也会有很多要做的事情，接下来，我们需要思考：这么多事情，到底应该先做什么？

要事第一这个习惯传递的就是让我们调整任务清单的顺序，先是重要的事情，然后是那些不重要的事情。那么哪些是重要的事情呢？接下来的内容，是我对要事第一这个习惯的两个延伸思考。

首先，在我人生的每一个时期或者每一个年龄段，都有一个重要的角色，也就是要事角色；确定我当下所处的重要角色后，再思考如何在这个重要的角色下执行要事第一的原则。我会把主要的时间和精力先用在这些重要的角色上，其他的角色可以先搁置或者少分配一些时间。

18~24岁这个阶段，我的要事就是成为最好的自己。大部分人会在18岁的时候正式离开家，去上大学，正是从这时候开始，我

们要从对父母、老师的依赖成长为可以靠自己独立生活的成年人，为在工作中与人合作、为进入婚姻与丈夫一起经营家庭做好充足的准备。就像《高效能人士的七个习惯》里提到的我们要从依赖期过渡到独立期。只有成为更好的自己，拥有独立的人格，我们才会以正确的态度去面对外面的世界和复杂的人际关系。

22~28岁，我的要事就是成为一个合宜的配偶。大学毕业前后，我们开始找对象，谈恋爱，准备进入婚姻。学习如何成为一个合宜的配偶，是我们这个阶段重要的任务。婚姻中最重要的原则其实是彼此成就，最终实现家庭的幸福，而非以自己为中心来思考得失。

《高效能人士的七个习惯》里提到：我们要从独立期走向相互依赖期，也就是我们要在知己知彼、双赢思维、统合综效这三个习惯的帮助下与配偶一起合作经营家庭，也就是实现1+1远远大于2这个目标。两个齿轮相互咬合，如果其中一个是不完整的，有残缺的，肯定会影响旋转的速度。只有两个齿轮都是完整的，才能保证正常的运转。婚姻也是如此，男女双方都要拥有独立的人格和相对成熟的心智，才能一起经营家庭。

26~38岁，我的要事就是成为一个称职的妈妈。在大城市里，绝大多数的女性会在30岁前后成为妈妈，我生老大的时候是28岁，跟身边的朋友比起来，算是比较早了。这里需要着重说一下，做妈妈的最初几年其实是非常重要的。从埃里克森的人格发展理论来看，0~12岁包含了一个孩子成长的四个重要阶段[①]：

婴儿期（0~1.5岁）：基本信任和不信任的心理冲突，是建立安全感的重要时期；

[①] 详细内容请参考82页的埃里克森人格发展理论相关内容。

儿童期（1.5 ～ 3岁）：自主与害羞（或怀疑）的冲突，是培养基本的生活习惯和人际边界的重要时期；

学龄初期（3 ～ 6岁）：主动对内疚的冲突，是孩子形成主动性，为他将来成为一个有责任感、有创造力的人奠定基础的时期；

学龄期（6 ～ 12岁）：勤奋对自卑的冲突，如果他们能够靠着自己的努力，不断地战胜困难，顺利地完成学习课程，他们就会获得勤奋感，这使他们在今后的独立生活和承担工作的任务中充满信心。

尤其是0~6岁会形成很多影响孩子一生的习惯，这就决定了妈妈在这个时间段需要投入更多的精力，一旦错过这个阶段，以后想要弥补就需要花更多的时间和精力。与其长大以后跟着操心，不如在孩子还小的时候多花一些时间，这也是我决定成为全职妈妈的重要原因。

40岁以后，我的要事就是重新回到职场，实现自己的社会价值。 说实话，从我成为全职妈妈的第一天开始，我就在为重新回到职场做准备。2010年5月，在怀老二的时候，我正式成为全职妈妈，到2018年9月，老五正式上幼儿园，这8年4个月的时间里，我从未停止过学习，每年都会参加各种课程，考各种证书，有机会就会分享自己的经验，锻炼自己的技能。此外，从2015年开始，我着手写公众号文章，从2018年开始，举办公号的线下沙龙……可以这么说，我的心从来没有离开职场，一直在为回归做准备。我清楚地知道，全职妈妈只是我这个阶段的选择，等孩子们大了，我要重新回到职场，实现我个人的使命与社会价值。

60岁以后，我的要事就是培养年轻的妈妈。 在大多数人看来，到了这个年龄，应该退休安享晚年了，可我并不这样认为，有了近20年的积累，我希望可以让这些经验传承下去，我可能会花些时间完善之前写过的书，陪伴身边年轻的妈妈们，帮助她们成长。

这些思路也可以用表6-5呈现出来：

表6-5　全人生时间分配示意

最小孩子年龄	0 岁	3 岁	6 岁	12 岁	18 岁	22 岁
身份/结婚年限	1~5 年	6~10 年	11~15 年	16~20 年	21~25 年	26~30 年
上帝的孩子	10%					
姜太太	20%	10%	10%	10%	10%	20%
妈妈	50%	45%	30%	20%	10%	5%
小牧人	5%	10%	10%	10%	10%	10%
EM 编辑/讲师	0%	5%	20%	30%	35%	30%
妈妈导师	0%	5%	5%	5%	10%	10%
学生	5%					
其他	10%					

这张表格体现出，在我人生的不同阶段，不同的角色以及时间是如何分配的。当然，这是一个笼统的分配方案，不是特别精准，可能会有误差，但是从这张表里，大家可以清楚地看出来，在每一个阶段，哪个角色是最重要的，哪个角色得到的时间是最多的，用时下比较流行的一句话来形容：我要尽可能地活在当下。

同时，我们也需要根据个人使命宣言的描述，为我们的人生进入下一个阶段做些必要的准备。我在单身的时候，就开始学习一些关于婚姻的课程，看一些相关的书籍，预备自己成为一个合格的配偶。决定结婚以后，我开始观察我的妈妈导师是如何养育孩子，如何经营家庭，如何处理孩子之间的分歧的。

虽然有孩子以后会手忙脚乱，但我至少在一些理念和思路上已经做好了充足的准备。我在前面内容中也提到过，从做全职妈妈的那一天开始，我就开始为重返职场做准备。这些准备是非常必要的，不但可以学习新的技能，更重要的是可以保持一个良好的学习状态，要知道，很多全职妈妈重返职场的时候，遇到最大的挑战是无法适应不断学习、不断突破自己所带来的压力。

接下来，我们要思考如何执行要事第一的原则。在《高效能人士的七个习惯》一书中，作者介绍了一个四象限法则，我觉得值得大家思考。作者把我们日常生活中的事情分成两个维度：重要和紧急。两项交叉之后，可以分为四个部分（详细内容见《第五章：家务管理》）：

接下来，我们以全职妈妈为例，做一个粗略的介绍，如表6-6所示。

表 6-6　全职妈妈时间管理四象限分析

象限	概述	婚姻关系	个人生活	家庭事务
第一象限重要并且紧急	一般是有限的时间内必须完成的任务，通常被称为危机或者突发事件。	婚姻危机，第三者，家暴，吵架	生病、孩子受伤、面临择业、经济入不敷出	做饭，购买日用品，陪写作业等
第二象限重要不紧急	一般是没有明确的时间限定或者以年为计算单位的非常重要的事情。	定期约会、有效交流、共同学习	学习、考试、健身、理财、制定成长计划	购物计划，储物空间整理，培养孩子们的自理能力等

象限	概述	婚姻关系	个人生活	家庭事务
第三象限 紧急不重要	一般是有限的时间内必须完成的任务，就当前的"要事角色"来看，并不是很重要。	招待朋友，参加某些社交活动等	同学聚会闺蜜邀约冲动的加入某个学习	收拾房间（公共区域），晾晒衣服、整理厨房
第四象限 不紧急不重要	及没有明确的时间限定，对当前的"要事角色"来看，并不是很重要。	为了"小事"争吵，例如：穿什么，看什么电影，去哪过年……	刷剧、玩儿手机、逛淘宝、玩儿牌等	帮孩子整理房间，打扫房间，整理衣服，使每个角落一尘不染

我们可以拿出前面整理的时间流向记录表，根据这些记录，再结合上面的这张表格，我们可以继续分析我们的时间使用情况，看看我们的时间都用在了什么地方。

如果我们总是把大量的时间用于重要并且紧急的事情上，也就意味着用于重要不紧急的事务上的时间会越来越少，长久下去，那么重要并且紧急的事情就会越来越多。我们每天会像救火队员一样，不断地冲向火场救火。如果我们每天都在处理这部分事务，身心俱疲肯定是常态。

我们需要花更多的时间用在重要但是不紧急的事情上，例如：与孩子们交流，与丈夫约会，思考自己的人生地图，发展自己的专业技能……只有专注于这一类事情，才能尽可能多地避免第一个维度的事情的发生。

很多时候，我们把时间用在了第三象限，却自以为是在处理重要且紧急的事务，其实并非如此。结合我们前面的提到要事角色，不难看出，有些事情并不重要，尤其是家务方面，完全可以由钟点工、家用电器来代替。他们可以为我们节省很多时间用于做重要不紧急的事情。

如果我们把大量的时间花在第四象限，用来逃避现实或者缓解压力。长此以往，想想几年以后，我们的生活会是什么样子？最大的可能就是比现在更糟，身边的人都在进步，而我们在原地，是不是处境会越来越糟？

如果希望我们的生活在未来发生改变，那么我们要尽一切可能避免自己陷入后面两个象限之中，这些事情对我们的人生是毫无意义的。

05 用 Ikigai 模型找到喜欢的职业方向

对于很多全职妈妈来说，重新回到职场其实是一件非常不容易的事情，一方面从经验上感觉自己落后于时代，另一方面担心自己无法适应快节奏的工作。所以，很难回到原来的行业，也不知道自己到底适合做什么。这些担心和恐惧，都会阻拦我们重新回到职场。

前一段时间，姜先生为了帮我建立信心，给我介绍了一个模型——Ikigai，据说是从日本传过来的，帮助很多人明确了自己的职业方向。模型如图6-1所示：

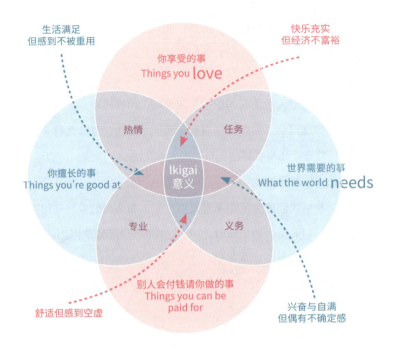

生活满足
但感到不被重用

快乐充实
但经济不富裕

你享受的事
Things you love

热情　　　　任务

Ikigai
意义

你擅长的事
Things you're good at

世界需要的事
What the world needs

专业　　　　义务

别人会付钱请你做的事
Things you can be
paid for

舒适但感到空虚

兴奋与自满
但偶有不确定感

图 6-1　Ikigai 模型

　　这个模型的基本原理就是，如果一个人要找到自己喜欢并且可以持续做下去的事情，一定会符合四个条件：享受的事、擅长的事、别人需要的事以及别人会付钱请你做的事。这四个维度缺一不可。

　　什么是享受的事？可以给自己充电，不厌其烦地做，可以不断重复，很容易进入"心流"状态，感觉时间过得很快。

　　例如：画画、写作、唱歌、乐器、旅行、烹饪、整理、健身、公众演讲、帮助他人、配饰、电影、社交、拍摄、规划、亲子教育、烘焙、购物、美妆、心理咨询、社群活动、养育孩子、卖东西、研究机器、做咖啡、调酒、汽车、分享……

什么是擅长的事？不用费力就比身边的人做得好，很容易发现某件事情存在的问题以及如何改进，经常有人夸你做得好，经常有人请你帮忙。

例如：规划和组织活动、聆听、统计、鼓励、伯乐、逻辑思考、创意、教导、沟通、销售、设计、细致、音乐、查漏补缺……

关于了解自己擅长的事情，我可以给大家推荐三个工具，第一个和第三个我们自己都使用过，觉得很有帮助，姐妹们可以根据自己的情况选择。

第一，推荐大家去网上查一个工具：盖勒普优势识别器，这个工具可以帮助大家找到自己身上更多的优势所在。它的优点是花费少，缺点是主观性比较强，容易产生理解偏差，结果不一定准确，而且需要深度解读才能准确认识。

第二，身边有朋友去做了基因检测，可以借此了解自己的个性。优点：价格适中，主观影响几乎没有，结果准确。缺点：解释的内容相对比较简单，很少有关于职业以及优势的描述。

第三，可以去做大脑基因检测，通过皮纹采集对左右脑深度分析，更清楚地了解自己的优势领域，根据结果列出相应的优势职业。我们家七口人都做过这一检测，觉得准确度很高。我的测试结果也显示，我现在从事的职业非常适合我，这也给我充分的信心坚持下去。优点：比较准确、详细，有老师协助深度解读；缺点：价格比较贵，不同的机构也有差异，一般在3~5千之间。

什么是别人需要的事？这里要提醒大家，我们认为别人需要和别人真的需要其实是不同的。有时候需要仔细观察。如果别人总是找你咨询，并且他们的生活因你的存在得到改善，还愿意推荐给其他人，这时，我们基本可以确认，别人真的需要。

什么是别人会付钱请你做的事？不用推销，别人愿意付费；无论多少，只要有人愿意付钱就行；只是尝试，别人就愿意付费。

· 如果我们对一件事情既热爱又擅长，那么我们对这件事情会非常有热情。例如：很多姐妹对烘焙就非常有热情；很多男人对摄影很有热情。

· 如果我们对一件事情既热爱又是别人需要的，那么我们会把这件事情当作重要的任务去完成。例如：姜先生非常喜欢给朋友们做饭，朋友们也非常喜欢吃。

· 如果一件事情既是别人需要的又可以挣钱，那么我们会觉得这件事情很有意义。例如：很多姐妹在做了妈妈后，特别希望去做跟早教或者家庭教育有关的工作。

· 如果一件事情既可以挣钱又是我们擅长的，那么我们会把这件事情做得非常专业。例如：很多姐妹选择做财务、做老师。

我之所以能够持续做"简单妈妈"公众号，再到后来写书，也是因为这个工作完全符合这四个维度。在我们考虑职业方向的时候，一定要同时符合上述的四个维度才值得我们花时间和精力去发展，少了任何一部分，都会有遗憾。

· 如果我们选择的工作缺少了"你享受的事情"这个维度，那么我们的生活会很舒适，但会感受到空虚。

· 如果我们选择的工作缺少了"世界需要的事情"这个维度，那么我们的生活也许会兴奋甚至自满，但是有时候会感觉不确定、不踏实。

·如果我们选择的工作缺少了"别人愿意付钱给你做的事"这个维度，那么我们的生活会快乐、充实但不富裕，常会感到经济压力。

·如果我们选择的工作缺少了"你擅长的事情"这个维度，那么我们的生活也许会很满足，但经常感觉不被重用。

姐妹们也可以去储才做一些职业倾向的测试，例如：MBTI、霍兰德等，可以帮助我们了解自己的个性，寻找自己的职业方向。

重要提示：在做这些测试的时候大家可以记录一些关键词、重复很多遍的描述以及职业，相信我，这些反复出现在不同测试中的描述和词汇，未来对你有着至关重要的意义。

小结 & 本章实用表格

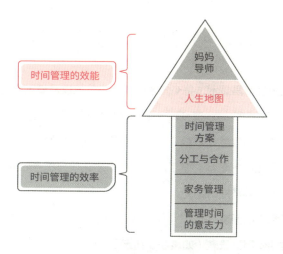

本章我们一起讨论了时间管理效能部分的第二章——人生地图。最终我们总结出，我们的地图上要有哪些角色，每个角色的使命是什么，要有哪些重要的行动如表6-6所示。

表6-6　角色使命

角色	场景	使命	价值	行动
妻子	家庭	成为帮助者，成就丈夫，建造家庭	爱，接纳，顺服	瘦身，约会，沟通，夫妻生活
妈妈		在儿女成长的过程中给予她们足够的爱和支持……	爱、鼓励、接纳、相信、支持	陪伴、教导、游戏、沟通
女儿		尊荣父母	爱、回报、感恩	每周见面，每天问候，生日
合伙人	公司	使每个人在团队中恩赐最大化，贡献最大化，能够双赢	商业价值、团队、追求卓越	开会、团建、妥协
培训师		让每一次的传递都有价值，荣神益人	智慧、专业、风趣，真实	写文章，录微课，沙龙，培训，不断学习，精进技能
导师	妈妈社区	用生命影响生命	传承、睿智、从容	辅导，教练，沙龙，文章

这张表格里显示出每个角色的使命、价值以及最重要的行动，就是我们人生的使命宣言，也可以说是我们的人生终点，对我们来说，这些内容才是最核心的效能。跟上面的事情有关，对我们来说才是正确的事情。有了这张表格，才让如何提升时间管理的效率有了值得坚持的意义。

本章实用图表

时间使用记录表（如表6-7所示）

表 6-7 时间使用记录

时间	星期一 ( )	星期二 ( )	星期三 ( )	星期四 ( )	星期五 ( )	星期六 ( )	星期日 ( )
6:00							
6:30							
7:00							
7:30							
8:00							
8:30							
9:00							
9:30							
10:00							
10:30							
11:00							
11:30							
12:00							
12:30							
13:00							
13:30							
14:00							
14:30							
15:00							
15:30							
16:00							
16:30							
17:00							
17:30							
18:00							
18:30							
19:00							
19:30							
20:00							
20:30							
21:00							
21:30							
22:00							
22:30							
23:00							
0:00							
0:30							
1:00							
1:30							
2:00							
2:30							
3:00							
3:30							
4:00							
4:30							
5:00							
5:30							
6:00							

姐妹们在记录自己的时间的时候，可以以半个小时为一个单位，尽量记录得详细一些。

个人使命宣言（如表6-8所示）

表6-8　个人使命宣言

角色	场景	使命	价值
	信仰		
	家庭		
	工作		
	社区		
	个人		

全人生时间分配计划（如表6-9所示）

表6-9　全人生时间分配计划

最小孩子年龄	0岁	3岁	6岁	12岁	18岁	22岁
角色／婚龄	1~5年	6~10年	11~15年	16~20年	21~25年	26~30年

姐妹们可以参考前面的表格，填一下自己的全人生时间分配表，帮助我们有意识地调整自己的生活重心，让我们可以更有计划地安排自己的生活，不至于盲目地随波逐流。

找到职业"锚"（如图6-2所示）

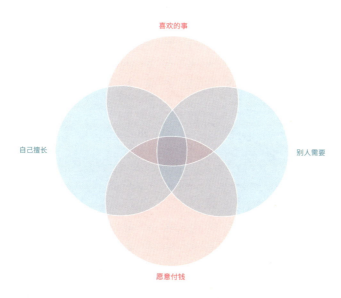

图6-2　Ikigai（人生价值）

第七章

妈妈导师，
传递隐性经验的最佳途径

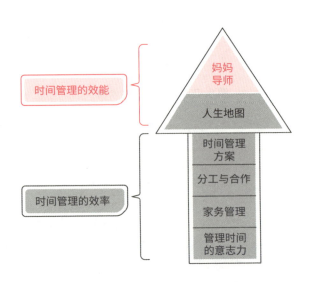

01 为人父母虽不需要考试，却真的需要引路者

当我们大学毕业进入工作岗位的时候，最理想的状态就是可以有一个比较资深的员工或者领导带我们走一段时间，帮助我们熟悉公司的文化、工作流程、工作职责和人际关系。最重要的是，在这个过程中，他要陪我们走一段时间，当我们遇到问题的时候可以随时有人问。告诉我们一些核心原则，以及及时的指导，避免我们走弯路，这个角色在不同的公司和行业里有不同的称呼：师傅、督导、教练，等等。

如果没有这些人带我们入门，我们要在门口转悠多长时间呢？姜先生一生最大的遗憾就是刚开始工作的时候，没有遇到适合自己的导师，像个没头苍蝇一样撞得头破血流，一身伤痛，用了差不多10年的时间才找到方向。10年的时间啊！人的一生有几个10年？

如果说工作上，我们还有一些挽救的机会，那么在养育孩子的过程中，却不一定有那么多回旋的余地了。奥地利生态学家康罗德·洛伦兹、意大利教育学家蒙特梭利以及瑞士近代最有名的儿童心理学家让·皮亚杰在他们的理论中都提到了儿童发展关键期这一概念，关键期指对特定技能或行为模式的发展最敏感的时期或者做准备的时期。

个体发育过程中的某些行为在适当环境刺激下才会出现的时期。如果在这个时期缺少适当的环境刺激，这种行为便不会再产生。例如：2～3岁是儿童口头语言发展的关键期，4～5岁是儿童学习书面语言的关键期等。如果有个前辈可以提前告诉我们一些养育孩子的方式，我们就可以尽可能地避免错过这些关键期。

在家庭教育领域，我们称她们为"妈妈导师"。养育孩子是一个苦、乐相伴的漫长旅程，这个旅程对于很多妈妈来说绝对是一个煎熬的过程。孩子要经历各种时期，每个时期都有各自的特点和不同的行为倾向。每个阶段都有需要面对的挑战，孩子的很多行为也让我们摸不着方向，各种未知都会让我们不知所措。

面对这些不断出现的挑战，我们采用的很多育儿方式不能马上看到效果，在这个时候，就会产生焦虑和疑惑。"孩子怎么有这样的行为？""他怎么这么不听话？""这种方法行吗？真的有效吗？""是不是我哪里做错啦？没有书上的效果啊？""是不是我理解错啦？"这个时候，特别需要一个有经验的妈妈在旁边做一些适当的提醒、指导、鼓励，这样更有利于妈妈们的成长，同时也可以缓解妈妈们的焦虑。

在育儿的路上，妈妈们总会有抓狂和无助的时候。所以，当我们看到一个榜样，看到有人走在我们的前面时，我们心中就会有力量，就会有盼望，因为我们不再是孤军奋战。

2020 年情人节，孩子们做蛋糕庆祝爸妈结婚 12 周年

02 我和我的妈妈导师

看到我们的全家福，你能想到我上初中的时候，就决定以后不结婚，不生小孩吗？我上大学的时候，还问男朋友："我以后不会结婚，不生孩子，你能接受吗？"

妈妈导师Kitty姐

2005年，我认识了Kitty一家，每当看到他们的时候，我就会觉得婚姻真美好，养儿育女真美好，我也想和他们一样。

认识他们之前，我对于家庭的认识和理解同现在是完全不一样的。我的原生家庭很好，父母关系非常健康，家里的亲戚关系也很亲密。可是我从小到大对婚姻非常没有安全感。我经常和朋友讲，为什么要结婚？结完婚还要离婚。我自己都不想对自己负责任，又怎么能对别人负责任呢？婚姻生活不是我想要的。

当我认识kitty一家人后，他们的家庭生活对我以前奇怪的婚姻观冲击非常大。我很好奇他们是怎么走到一起的？他们夫妻的成长环境、工作环境和学历水平差距很大，妻子是从法国留学回国的上海人，一直在外企工作，有老二之后居然全职在家。当时觉得好可惜，这么优秀的女性应该在职场打拼啊，怎么就回家做全职妈妈了呢？

但是，当我走进他们家的时候，发现他们的生活方式是我从来没见过的。每次去他家吃饭聊天，总有置身天堂的感觉。他们的生活方式深深地吸引着我，我总结了一下，主要是四部分的内容：

第一是夫妻二人有共同的愿景，才能让一个家庭像三角形一样稳固，如图7-1所示。

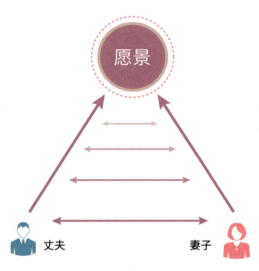

图7-1 夫妻愿景关系

第二是他们的亲子关系。第一次去他们家的时候，妈妈在厨房忙，爸爸坐在客厅的地上弹吉他，两个孩子围着爸爸一边爬，一边唱歌，很欢乐的样子。接触几次后，我发现，爸爸花在家庭的时间是很多的，我之前看到的大多都是父亲在外面忙工作，很少在家里陪孩子。爸爸告诉我们说：我的任何角色都是可被取代的，不管我是职员还是领导，唯独父职是不可替代的。

第三是他们的夫妻关系。我看到的很多夫妻会彼此抱怨、相互指责。但我在他家看到的是妻子相夫教子，并且非常敬重和顺服自己的丈夫；丈夫非常有担当，尊重并且欣赏妻子。虽然家里有三个小孩子，夫妻俩也要定期约会。

第四是他们的家庭教育。我记得有一次，准备吃晚饭了，不到两岁的老二还在看动画片，爸爸叫他来吃饭，老二回答："爸爸，我还没看完。"爸爸问："马上要吃饭了，你还想看2分钟还是3分钟？"老二回答说："2分钟。"然后爸爸拧好闹钟放在他旁边，就离开了。特别让我惊讶的是，两分钟后闹钟响了，老二自己拿遥控器将电视关了，自己去洗手，然后坐在餐桌边等着吃饭。饭上来之后自己吃，吃饱之后说："我吃完了，大家慢吃。"自己把餐具送到厨房，然后就跟姐姐玩儿去了。

2007年3月，我认识了我先生。2008年5月，我们结婚了。我们希望可以效仿kitty姐一家，通过对他们家的观察，我们制订了最初的家庭愿景：希望要三个孩子，当时生二胎的家庭好像都不多，我们有勇气要三个孩子，也是因为看到了他们家。我们还想保持持续的亲密关系。另外，我们还希望成为一个不断学习的家庭，两个人可以一起成长。

2009年3月，我们有了第一个孩子。从孕期开始，我出现了一些抑郁的状态。可能我们每个人结婚之后都想象过未来宝宝的样子，他像天使一样可爱，眼睛像妈妈，嘴巴像爸爸……想象着我们每天跟孩子一起嬉戏的美好场面。

可怀孕之后，我才突然发现，当初的美好盼望都转化成了各种焦虑。先不说孕反的折磨，就是每次产检的时候都会提心吊胆，宝宝健康吗？会不会有什么毛病？自己先把自己吓个半死，那时的我真心觉得，其他任何事情都不重要，只要孩子健健康康就好。

前一段时间，我身边的一位准妈妈就经历了类似的事情。在宝宝12周的时候，她去医院做B超，医生说："孩子的NT值有问题，可能存在健康隐患。"结果夫妻二人几天没睡好觉，幸亏最后孩子很健康。每个妈妈在产检的过程中，或多或少都会受到各种惊吓。

孩子出生之后，妈妈们的焦虑就更多了：

孩子是纯母乳呢？还是可以吃一些奶粉？

是自己带呢？还是请父母一起看？

爸爸工作已经很累了，还要不要他参与？

洗澡的时候怎么做？要不要游泳呢？

要进行睡眠训练吗？一听到孩子的哭声就受不了！

黄疸为什么还不退？

疫苗是用进口的还是国产的？

......

所以妈妈们真的很辛苦，其中的大部分并不是带孩子的辛苦，而是心里的各种纠结带来的焦虑的辛苦。

从怀孕开始，妈妈们就开始学习育儿知识，可学着学着，大家都觉得越学越迷茫，越看越不知道怎么弄，各种观点太多，理论太多，作为一个初学者，完全不知道如何判断：

那本书说：一定要纯母乳。可如果母乳不够怎么办呢？

这本书说：孩子吃饱很重要。但如何判断孩子是否吃饱呢？

那本书说：你可以亲密育儿，按需哺乳。"需"是什么？如何判断？哭了就喂奶吗？

这本书说：你可以训练孩子独立入睡，按时哺乳。按谁的"时"，是成人的，还是孩子的？

那本书说：孩子3岁之前很重要，你一定要全职在家。可资金有压力该怎么办？

这本书说：陪伴孩子，质比量重要。什么是质？如何判断？

······

怎么办？我到底该听谁的呢？面前的路这么多，我到底该怎么选择呢？很多时候，我们的焦虑其实都在方法和执行这两个部分，这么多的育儿方法，我到底应该选择哪种方法？我又该如何执行？

很感恩的是，Kitty姐给了我非常大的帮助，从我2008年怀孕开始，她教了我很多东西：孕期怎么照顾自己，怎样坐月子，怎样处理新的三口之家的关系，怎么处理大宝和二宝的关系。她告诉我的几个原则对我们的家庭影响非常深远。

还记得刚怀孕的时候，我就和孩子的爸爸讨论生完孩子后怎么办？是请父母来帮忙，还是请月嫂？因为我是第一次当妈妈，实在不知道该怎么弄。我身边的朋友都是父母加月嫂模式。当时，Kitty姐给我的建议就是，尽量不要跟父母同住，没必要请月嫂，月子里的孩子吃饱睡、睡饱吃，其实没什么事。

由于产后激素的变化，新手妈妈常常处于非正常状态，很难以正常的方式来表达自己的情绪，很容易与父母发生误会和冲突，进而产生矛盾。

等孩子大点时，Kitty姐开始教我如何训练宝宝的安全意识，以及一些生活方面的规则；生老二的时候，她又教我如何平衡全家人的关系以及帮助两个孩子和谐相处，所以我们家每个小朋友到来时，姐姐们都是欢欢喜喜地盼望他们的到来。

如果不知道怎么做饭，可以订月子餐，或者干脆住进月子中心。家庭来了新成员，本来一家三口就需要很多磨合，转换角色，家里人太多，磨合起来困难就会更大。

一开始，我不太认同这些观念，因为我身边没有朋友是这样的。所以我觉得kitty姐很厉害，但是我不行，可能我还是会请月嫂或者请父母来帮忙。整个孕期我就一直在纠结，到底该怎么办？最终，我决定自己带孩子试试。

生完孩子之后，我的父母白天会来帮忙，但不与我们住在一起，孩子的爷爷奶奶会在周末白天过来，大部分时间还是我和我先生带孩子。月子里的孩子还真的是没什么事儿，吃了睡、睡了吃，顶多是换个尿布、洗个澡。

即使只是这样，我还是跟老人出现了一些矛盾。当时我的表现应该是事儿多、挑剔、不好伺候和极度焦虑，在老人看来，我们做了这么多，你看她还是不满意，还总在那哭。其实真的不是针对他们，大部分的时候都只是产后抑郁，想哭而已。

所以，生完孩子之后，人际关系的压力是让我感觉特别累的。我经常听到身边的妈妈说：家里有老人参与，自己很难与他们在教育孩子方面达成统一，父母的很多教育方法，很难在家里执行，这种冲突所带来的压力往往会更大。

简单总结，我的第一个妈妈导师除了在养育孩子的具体事务上给我一些引导以外，也教给了我四个特别重要的观念，可以说，对我们家有着深远的影响：

第一，爸爸参与整个的育儿过程，这对未来的家庭教育有着重要的意义。 爸爸不愿意参与养育的一个主要原因就是家里帮忙的人太多了，插不上手。或者爸爸感受到不被信任。先生总说，要是家里有老人，我肯定什么都不干了。

第二，不要纠结于一些琐事，孩子18岁的时候，你肯定不会

因为他不会上厕所担忧，抓住最重要的。 其实这不就是我们前面两章都提到的要事第一的原则吗？很多时候，妈妈们容易纠结于特别细节的事情，Kitty姐经常提醒我，在孩子18岁的时候，你会不会还担心这些事情？如果18岁的时候不是问题，那就不用担心。

她经常跟我说，要拣重要的仗打，不要在这些细枝末节的事情上耗费太多的精力。 从这个观念往下延伸，我们开始琢磨，到底什么是重要的仗呢？通过不断的讨论和学习，最终逐渐形成了我们自己家的家庭教育战略地图，也就是此前提到的，每个年龄段有哪些重要的事情要做，我们都扮演什么角色。

第三，如何处理多子女的关系。 我身边有很多妈妈遇到了这样的问题：老大不喜欢老二。当老二出生的时候，老大对老二很不友好。从我们怀老二开始，Kitty姐就给了我们很多建议和方法，告诉我们该如何迎接二宝的到来。

所以，在刚刚怀老二的时候，我们就开始做预防工作，效果很好。所以，我们家孩子的关系一直都非常的和谐，每一个新成员到来时，都非常受欢迎。当然，打打闹闹是经常有的，尤其是老二3岁以后，但是从来没发生过"恶性伤人事件"或是特别严重的冲突。

最后一个就是，如何制订家里的规则。 我发现当孩子明确地知道家里的规则的时候，是非常有安全感的，并且整个家庭都非常有序。

家庭规则，也就是家规，如果按照公司的角度来说，就是有一些明确的奖惩制度。最重要的是执行，也就是当孩子违反这些规则的时候，作为家长，我们是不是能够按照规则让他们承担相应的后果，而不是吓唬吓唬就草草了事了。当然，等孩子们大了以后，我们也会邀请她们参与家规的制订。

有了这些原则和方法，我们家很快就度过了最艰难的时期，几乎没走什么冤枉路，节省了大量的时间和精力。

可惜的是，2012年初，Kitty姐全家离开了中国，虽然我们还有联系，但是缺少了妈妈导师的贴身指导，我也偶尔会处于焦虑之中。0~3岁，关于吃喝拉撒的那些事情我们已经可以处理得很好了，但是老大到了上幼儿园的年纪，我们开始面临新的挑战。

妈妈导师佩蓉姐

第三个孩子出生后，虽然我们的工作量有所增加，但我们只花了3个月的时间，就让孩子们养成了规律作息和良好的生活习惯。

这时，老大已经4岁多了，有很多机会接触其他的小朋友。在每一次接触中，她多多少少都会受到其他小朋友的影响，我突然发现，她的很多行为已经不在我的可控范围之内……之前培养的很多好习惯受到了严重的挑战。这种失控的状态（其实现在看来也没有那么严重）让我陷入极度的焦虑之中。

非常幸运，这时我遇到了我的第二位妈妈导师——佩蓉姐。

有一次，我在微博里看到佩蓉姐的分享，非常认同她的育儿理念。很快，我就有机会参加佩蓉姐录制的电视节目，并在节目中认识了她，后来，我有机会加入了佩蓉姐组织的妈妈公主团聚会。

佩蓉姐和先生都毕业于麻省理工。从常春藤高才生到叱咤职场的精英女性，再到成功创业的女企业家。可是成为妈妈之后，为了陪伴三个儿子的成长，佩蓉姐放下工作，成为全职妈妈。刚认识佩蓉姐的时候，她家的老大和老二正在上高中，老三上初中。佩蓉姐在孩子的教育方面给了我很多的引导和启发，也用自己失败的经历，给了我很多鼓励和盼望。

此后，我就固定每个月参加一次佩蓉姐组织的妈妈公主团聚会和学习。在聚会中，我们会分享自己的困惑，姐妹们互相帮助和鼓励，我也经常听到佩蓉姐分享育儿过程中的故事。每次聚会回来，我都很开心、释放。学习到的经验在实践的过程中，如果遇到疑惑，我也会先问佩蓉姐，回来再同先生商量，最后实践。这个过程中，有两个原则对我很有帮助：

一、不要害怕，不要因为恐惧而做选择

老大上幼儿园，是她第一次离开父母。佩蓉姐给了我很多鼓励，她说："不要害怕孩子出去会面对问题和挑战，这正是检测你之前的教育成果的时候。如果出现什么挑战，很正常啊，去修正就好了。"

这个原则也影响了老大的择校。老大上了幼儿园之后，我们开始考虑她未来到底应该走哪条路。我们对比过在家教育、私立学校、基督教学校以及公立学校，发现每条路都有自己的优缺点。

怎么就没有完美的选择呢？可能做父母的都想给孩子最好的，害怕一步错，步步错。在反复沟通和确认孩子择校方向时，还是这句话鼓励了我和先生。

是的，我们不能因为恐惧而做出选择，我们要更勇敢一些，任何一种选择都有优缺点，我们需要按照自己的家庭愿景、生活方式和育儿理念来做决定。决定之后，不管面对的是什么，我们要与孩子一起面对。

最终我们选择了公立学校。当然，我们也非常清楚地认识到这条路所面临的挑战是什么，我们可能需要付出极大的努力来陪伴孩子走过幼小衔接的艰难时期。

事实上，这条路远远没有我想象中这么简单。虽然我感觉已经做了充足的心理准备，可当挑战来的时候，还是让我措手不及。

2015年9月份，老大上小学了，开学的家长会上，校长说："咱们学校绝对从零基础开始。"当时，我心中窃喜，感觉好幸运，因为我的孩子就是零基础。

但开学第三天，班主任和我说："哎呀，亲爱的，你家孩子啥也不会啊。"听到这话的时候，我的第一反应是，对啊，确实算零基础。老师看到我还带着两个，就问："你们家三个孩子吗？"我回答："四个。"老师说："哦，那你肯定很忙吧？估计没时间管孩子学习，要不你请家教吧，一年级打基础还是很重要的。"

回家的路上，我的脑子一片空白，老师的建议仿佛晴天霹雳。我家孩子这么差吗？一年级刚开学就请家教，以后怎么办？我的心情特别沮丧，感觉六年的努力都白费了。回到家后，我跟爸爸重复了刚才的对话。爸爸听了却非常镇定，在这里，男人的理性发挥了极大的作用。

他说："什么叫什么都不会？"

我说："不会拼音，不会写名字。"

他说："还有吗？"

我说："好像没了。"

他说："不会就学呗，一会儿吃完饭，多写几遍名字，今天把名字搞定。然后每天回来多读几遍拼音。过一段时间肯定能跟上。"

第二天，爸爸去接老大，又跟老师沟通了一下。回来之后，他初步制订了一些学习计划，开始陪着老大学习。开始的时候，我们也不知该怎么办，不知道该怎么教，只能用一些最笨的方式带着老大学习。我也是前一秒"亲妈"，后一秒"后妈"，情绪经常不受控。搞得孩子很辛苦，特别没有自信。

实在没办法，我们去请教了身边的老师和有经验的家长，一个月下来，终于磨合出了一些方法，并不断在家里尝试、调整……两个月下来，老大的进步也很明显，上半学期期末，她的成绩全优。

下学期开学，因为老五出生，我们都没在国内，就给她请了20天的假。回来之后，我们又面临着新挑战，学校的学习进度很快，20天已经和其他同学差得很远了。老师再次提到了请家教的话题，强调一年级的基础很重要。我再次处于崩溃中，老大上学的时候，也是步履沉重、情绪不高，很明显缺少自信。而且经常说，我不想上了，我要退学，我要换一个学校。

我和爸爸看到她真的很心疼，从一开始的急躁，慢慢开始体会她的感受，耐心地陪伴她，找方法。《孩子不同，智能不同》这本书给了我很多启发，老大是肢体智能非常发达的孩子，我们开始用适合她的方法陪伴她学习。

一年级的整个过程，每一次经历挑战，我们一起面对，一起解决问题，最终再次取得全优的成绩。这个过程给老大增加了很多信心，我们彼此之间也更加信任了。二年级开始，孩子成长非常快，老师也说她很有担当，学习上进步很大，也坐得住了，还当上了小队长。

现在再回想起佩蓉姐的话，我真的是非常感恩，"不要因为恐惧而做选择"。任何选择都有附加的代价，都需要我们勇敢地面对。

二、学习放手

孩子不断地长大，我们不是要一直将他们保护在父母的臂膀之下，而是要帮助他们不断提升自己各方面的能力，最终放心地让他们离开我们，开始自己的人生。

一年级开学，老大背着硕大的书包走向校园，本想着我应该很兴奋，她终于上学了，我自由啦！可是看着她小小的背影，我的心里竟有一种说不出的滋味，好像突然看到她未来出嫁的样子。时间真的好快，其实她们待在我身边的时间不多，要好好珍惜孩子们可以在我身边哭闹的时刻。

从这个理念中，我和姜先生继续延展我们的养育思路：我们养育孩子，就是在帮助他们18岁离开我们的时候可以独立生活。所以，随着孩子年龄的增长，能力也在增强，我们的角色也要不断调整，给孩子们更大的选择空间，鼓励孩子们不断尝试，突破自己。父母适时的示弱，也可以帮助孩子们越来越强大。

12 个孩子的榜样家庭

2014年，我在美国生老四，我们住在了12个孩子的Bunker大家庭里。与这样一个幸福美满有秩序的家庭亲密接触4个月时间，他们自然而然地成为我们家的第三个榜样家庭。之所以将他们称为榜样，是因为我的英文不好，没机会跟女主人多交流，更多的是看到她如何与孩子相处。所以，他们只能算我的榜样，我无法称他们为导师。从他们的身上，我们也总结了几个关键的理念：

第一，当孩子承担更多责任时，他会更有价值感。我们去Bunker家的时候，他们家的大姐已经结婚，老二、老三在国外，家中有9个孩子。老四（17岁）、老五（15岁）、老六（13岁），三个在家的哥哥，平时除了上学，还会打工、做饭、照顾5个妹妹，除一岁的老十二外，孩子们会分担家里大部分的家务。

老五是一个特别帅气、有礼貌的男孩子，很有梦想，很想开一家策划生日的公司。有几天放学后，他会去餐厅打工，将一半的收入拿出来支持在国外的哥哥。妹妹们虽然年纪还小，也都很独立，很有个性。在家里会彼此照顾，一起游戏、做家务。

第二，爸爸承担更多的家务劳动。爸爸Bunker除了自己的工作和学习之外（当时在读MBA课程），还会整理院子，修理各种家电、汽车，周末带着孩子们去采购，陪孩子们玩儿桌游（每周日下午），定期陪儿子们外出露营，每周花时间陪太太……

姜先生说："相比之下，中国的爸爸好幸福。这么看，我干的活就不算多了。"果然从美国回来之后，我再没听他说过什么抱怨的话（虽然以前也只是偶尔说一说）。看来榜样和愿景还是非常重要的。

第三，家庭时间。Bunker一家虽然人很多，平时也都各忙各的，但每周全家还是有固定的家庭时间。除了爸爸妈妈的约会时间，每周一晚上全家人一起吃零食、看电影；每周六上午一起去采购；每周日上午全家人穿着统一的家庭服装去教会；下午家庭游戏、聊天；晚上一起吃饭。这些都是全家人参与的活动，而不是为了某一个孩子或者父母。

有幸与这样三个美好的家庭相遇，有妈妈导师的带领和陪伴，让我对我们的家庭生活充满盼望。

03 如何找到适合自己的妈妈导师

很多妈妈看过我们公众号的文章以后，很认可"妈妈导师"的概念，特别希望找到自己的妈妈导师。说实话，相关方面的资源太少了，因为妈妈导师其实并不是随便带过一个或者几个孩子的妈妈就可以做的，还是需要一些基本技能和经验的。

尤其是多子女家庭的妈妈导师，更是少之又少。及时给出适合的指导，是很重要的，不但可以缓解妈妈的焦虑，还可能少走很多弯路，节省很多时间。这也是我们未来努力的方向，我们希望鼓励更多的妈妈们装备自己，成为妈妈导师，去帮助身边有需要的新手妈妈们。

在找导师的时候，我们可以参考以下的原则：

首先，妈妈导师最好不是自己的家人。除非她们受过专业训练，否则，她们很难以中立的角度去给我们提供帮助。

她们的观念和方式已经落后于时代的发展。我在前面的章节中已经提过很多次，我们的父母刚刚成为父母时，中国社会对家庭教育还没有形成基本的科学理念，父母们都是按照老一辈传下来的经验或者凭自己的理解来养育孩子的，他们没有机会，也没有资源学习如何做父母。

这些经验基本都是农业社会所养成的习惯，对于现代社会不太适合。例如：坐月子的一些习惯，从吃到穿都有一套说法，各地都不一样……甚至有些老人现在还不同意给孩子穿纸尿裤，说是会影响孩子的发育……

容易产生人际压力。很多在大城市生活的家庭，很大比例属于跨省份的婚姻，两边的老人在生活习惯等方面有很大的差异。如果我们听了其中一个的建议，另一个就会不服气，或者心里不舒服，久而久之就会产生隐患，很容易发生冲突，我身边就有很多这样的案例，最后搞得夫妻之间也是矛盾重重。

第二，要有机会近距离观察妈妈导师的生活。最近这几年，移动互联带动了自媒体的发展，我也是其中的受益者。我们可以通过公众号看到很多专家和前辈们的文章和故事，从他们那里，我们可以学到很多的东西。但即使如此，他们也无法代替妈妈导师的角色。

写和做永远是不同领域的事情，有些人文笔很优美，很能打动人，但是并不代表他们在日常生活中有同样良好的表现。毕竟学者、老师和父母完全是不同领域的事情，我身边有很多妈妈都是很优秀的老师，但是在家里，她们却遇到了非常大的挑战。

大学教授们站在讲台上讲企业管理的时候，肯定头头是道，分析的也是细致入微，但让他们实际去管理一个企业，并不一定会有好的结果。这就是理论与实践之间的差异，没有好坏，只是两个角色的工作不同，服务人群也不同。如果我们可以一边跟着教授学习，一边跟着有经验的企业家实践，这是不是最佳方案呢？

所以，对于选择妈妈导师来说，最重要的是我们要深入到她的生活之中，去观察她与孩子的互动方式、孩子的状态，以及如何处理夫妻关系，如何经营自己的家庭……这些表现，是不是我能接受的？是不是我想要的？就像我的几位妈妈导师一样，我有机会近距离观察她们，从生活的每一个细节去了解她们，再结合我们家自己的风格去实践。

第三，性格是否合适。了解妈妈导师的性格是不是跟我合得来，也是一个非常重要的部分，它决定了我是不是能够完全信任她，以及她给出的指导是不是符合我的生活方式。

在团队合作那一章里，我提到了 DISC，即要根据先生不同的个性，抱有不同的期待，而作为妈妈导师，也要有不同的风格。

从上面这些描述中，我们可以看出妈妈导师也是人，她们也有自己的局限，有自己擅长的方向，在我们选择的时候，需要从自己的需求出发，找到与我们互补的导师学习，这样效果会更好一些。

第四，要有一些专业的预备。这些专业的预备，包括两个类别的内容。

一方面要有基本的教育经验和理论。至少要系统了解孩子们成长的基本规律和常见问题的处理方式，自己的养育方式也要基本符合主流的观点。这一点非常重要，妈妈导师不应该仅凭自己的经验来指导别人，否则会让我们陷入某种经验主义当中。毕竟主观经验不代表大众，不容易被复制。

另一方面，要有一些基本的辅导或者陪谈训练。毕竟陪伴一个成年人成长并不是一件容易的事情，这个过程中需要一些技巧和方法，如何发现被辅导人生活中的关键问题，从这些关键问题着手，才能事半功倍。我们不能头疼医头，脚疼医脚，这样只是解决表面问题。

作为妈妈导师，我最大的期待就是让妈妈们成长后不再需要我，完全可以独立自主地处理自己的生活。中国市面上也有一些相关的培训，可以满足这样的需求。例如：教练、心理咨询师。

第五，要有成果。 这里所谓的成果就是要看妈妈导师的家庭状况如何，包括：夫妻关系、孩子的表现以及自己的生活状态。要看她在女性的三个最重要的角色上有没有很好的成果。

如果一个孩子成长于一个每天"战乱不断"的家庭，他的心理状态会健康吗？养育孩子是妈妈的一部分工作，既然是一部分工作，就不能牺牲另外的角色，这需要我们做到平衡。

还要看导师自己的生活管理得怎么样，有没有在养育孩子的过程中迷失自己，是否在生活中只剩下孩子、丈夫。她自己的生活状态，是不是跟她所期待的未来很接近。

最后，丈夫的参与也是非常重要的。 可以创造一些机会，邀请双方的丈夫一起沟通、交流，如果丈夫也认同妈妈导师家的生活方式，那对未来两人达成一致会起到至关重要的作用。两个人有共同的榜样，交流起来自然会更容易。就像我和先生当年经常一起去Kitty姐家蹭饭，结果就把我的愿景，变成了我俩的家庭愿景。

当然，在跟随妈妈导师学习的过程中，要注意领会核心理念。 毕竟，每一个人都是不同的，我们的成长环境不同，组建的家庭也有各自的风格和特点。所以，我们不可能完全模仿妈妈导师的所有行为和理念，而是从中找到一些**适合自己家庭**的核心的内容。

比如，Kitty姐的第一个月子是在月子中心度过的，她也强烈推荐我们这样做，并说了很多好处。我和先生讨论了几次后，没有照做，我们还是在家坐的月子。但是我们认同这其中的核心原则：爸爸参与，减少人际关系的压力……

在国内的时候，她们家的三个孩子都是在家接受教育的，没有去学校。本来我也希望如此，甚至还尝试了一段时间，结果这种方式很不适合我，我和孩子们的压力都很大。

后来，我和先生讨论后得出结论，我和Kitty姐在性格、学历以及对未来的愿景上都有很大差异，她的教育模式不一定完全适合我们家，所以，我们决定还是把孩子送到幼儿园和小学，我要专心扮演好妈妈的角色。

送孩子去学校，并不代表我们什么都不做，我和先生还是会参与到孩子的教育之中，我们会一起分析公立学校有哪些无法提供的内容，针对这些，我们会在家庭教育中补足。

04 妈妈导师的
身上藏着我们所期盼的未来

新手妈妈在实际操作的时候，导师最主要的作用就是提供一些**及时**反馈，这些反馈可以帮助我们持续坚持。

一个动作做得好与不好，孩子的反应是不是正常，最好有教练或者导师可以随时指出或者询问，以便自己随时了解练习的结果。如果没有人可以询问或者提供反馈，很多姐妹会非常焦虑，尤其是有第一个孩子的时候，总是担心孩子哭可能是因为自己操作不当导致的。

而且随着孩子年龄的不断增长，他们的行为模式也在发生改变，我们遇到的挑战也会有所不同，1岁以前主要是吃喝与保健；2~3岁开始涉及生活习惯的建立和早教；4~6岁开始关注社交与规则；上小学以后又要面对如何适应学校的生活……每个阶段对我们来说都是新的，都需要调整我们的养育方式。如果孩子的表现一直都很好，我们会一直坚持，但如果孩子的行为出现问题，我们真的不知道或者不确定到底是我们养育的方式不对，还是每个孩子都有这样的阶段。这时候，我们真的需要有一个过来人从旁给予反馈，安抚我们心中的焦虑。

毕竟养育孩子的过程也是一个练习技能的过程。很多时候，如果看不到结果，我们所做的练习等于没有练习，只是应付了事，不但不会让结果更好，可能还会为整个养育的过程留下很多负面的影响，并逐渐让我们对结果的好坏不再关心，而最终不再敢要更多的孩子。很多姐妹都是因为带老大太辛苦，给自己留下了很多的负面情绪，因此特别恐惧再要一个孩子。

导师的及时反馈，可以帮助我们了解自己的行为是不是在合理的范围以内，会不会给孩子带来负面的影响。她也会提醒我们，孩子的哭声有些时候并不是我们操作不当引起的，尽量让我们放宽心。

很多姐妹通过公众号加了我的微信，在养育孩子遇到问题的时候会随时问我，我们会进行很多沟通和交流。一段时间下来，她们都会给我这样的反馈："馨悦姐，说真的，文字写得再精彩、再细致，也比不过你几句话的指导和安慰，这对我的帮助太大了。"对，这就是及时反馈的巨大作用，毕竟我也是这么过来的。

小结

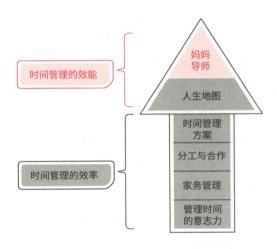

本章，我们主要介绍了妈妈导师在我们生活中的重要作用，我起初的很多养育孩子的观念、生活方式都是从观察我的妈妈导师的生活开始的，从他们的身上，我看到了我未来想要去的目的地，这让我对自己的人生有了初步的规划。

很感恩我的生命中有幸遇到这样美好的三个榜样家庭，我所得到的祝福，希望可以毫无保留地传递出去。如果你的生命中，也有过妈妈导师的带领，希望你能加入其中，分享自己的宝贵经验，帮助更多的新手妈妈度过那些人生中最难熬的不眠之夜。

写在最后

突发事件的考验

很多姐妹都问我："即使我们做了自己的规划，却被各种各样的突发事件，打乱之前的计划，那怎么办呢？"

其实，人生永远不变的功课就是要学会如何在各种突发事件的冲击下，调整我们的行动步骤，克服各种困难，最终实现自己的人生规划。年龄越大，孩子越多，越是如此。

书稿最后的审核阶段，刚好是2020年的春节期间，举国抗疫，全国人民都在家隔离。因为上半年我计划了很多线下活动，谈了很多合作，看起来这些都要泡汤了。再加上新闻中总是看到各种负面的信息，所以接连几天，家里蔓延着焦虑的情绪。我和姜先生都觉得我们需要调整状态了。如果孩子们每天看到的我们都是愁眉苦脸、紧张焦虑，她们会是什么心情？我们希望传递给孩子们什么？人生总会有很多不如意或者困境，环境不是我们可以改变的，但是我们可以改变自己面对困境的心态和状态。

我们尝试问自己另一些问题，疫情这段时间我们可以做些什么？在这样的困境下，我们希望给孩子传递什么样的信息？疫情结束后，我们全家人要以什么状态回归正常的生活？围绕着这些问题，我们开始了新的计划。

按照此前的习惯，我们非常正式地开了一次家庭会议，准备重新规划我们的生活，以及如何使用接下来的时间。在这期间，五个孩子每天都在家，我的工作时间其实受到了严重的影响，但即使如此，在与姜先生和孩子们协调后，我还是做到每天至少可以有4个小时用来工作，这对于五个孩子的妈妈来说，已经是非常感恩的事情了。

　　在这期间，我开始发微博、尝试制作Vlog的小视频、开直播课……一个月下来，积累了很多经验和成果。这对于抗拒变化的我来说，简直是巨大的收获。

　　突如其来的疫情的确给我们的生活带来了巨大的改变，无论是从生活习惯，还是心理状态以及未来的工作方式上。我们在不断尝试，让这种改变朝着更好的方向发展。等疫情结束后，希望每个人除了悲伤的回忆外，还可以拥有更多值得回味的美好记忆。

　　与其每天沉浸在我们不能改变的环境中，不如规划生活，把疫情隔离的每一天过得更有意义。

　　最后，很想祝福正在读这本书的你，规划好自己的生活，开始高效能的人生旅程，期待透过不断地学习、规划、实践，你也可以成为别人眼中的超人妈妈。

参考书目

《高效能人士的七个习惯》

《习惯的力量》

《异类》

《第五代时间管理》

《Get 时间管理术》

有时候，书只不过被当做催眠的利器，

然而，一本书能让失眠的人睡去，也能让沉睡的人醒来。

有多少书，能让我们看清这个世界，成为我们看不见的竞争力；

又有多少书，能让我们在看清这个世界的同时，仍旧热爱这个世界。

阅读增添感性，也是一种新的性感。

你所读过的任何书，都会进入你的心灵和血肉，并最终构成你最甜美的部分。

关于人生大问题的答案，要你自己去慢慢拼凑；

但一本本的书给出的小小回答，却可以帮你抵抗终极的恐惧。

我们的一生有限，你想去的地方，你要做的事情，也许总不能完全成为现实。

唯有读书的时候，你可以在灵魂中撒点儿野。

要知道，人生终须一次妄想，带领我们抵达未知的生命。

你的时间那么贵，要留给懂你的人。

六人行秉承"爱与阅读不可辜负"，个人发展学会坚持"陪你成长，持续精进"。

我们想让你在爱的路上想爱就爱，在成长的路上一直成长。

我们，也想要成为你精彩人生中不可或缺的一部分。

在您还没有和这本书开始灵魂碰撞之前，我们想先送您一份见面礼：

福利一：关注微信公众号：个人发展读书会，在公众号回复【365】，即可免费加入《365天读书计划》，一年读50本书，唯爱与阅读不可辜负！

福利二：关注微信公众号：个人发展读书会，在公众号回复【14】，即可免费获得价值199元的14天沟通力提升训练营，轻松成为沟通达人！

福利三：关注微信公众号：个人发展读书会，在公众号内回复【咨询】，您将可以获得资深职业辅导师一次一对一的职业咨询，手把手帮您解决职业烦恼，用持续精确的努力，获得丰厚的职业回报！

我们鼓起勇气，冒昧地给未曾谋面的您，准备了这样一份礼物。如果您愿意收下，我们会为遇到了知音感到欣喜；如果您对这份礼物不感兴趣，我们也期待在未来的某一天，我们会再次相遇。

唯爱与阅读不可辜负

扫码有惊喜